한눈에 쉽게 보는 60년 운세

한눈에 쉽게 보는 60년 운세

발행일   2021년 6월 21일

지은이   양필선
펴낸이   손형국
펴낸곳   (주)북랩
편집인   선일영   편집   정두철, 윤성아, 배진용, 김현아, 박준
디자인   이현수, 한수희, 김윤주, 허지혜   제작   박기성, 황동현, 구성우, 권태련
마케팅   김회란, 박진관
출판등록   2004. 12. 1(제2012-000051호)
주소   서울특별시 금천구 가산디지털 1로 168, 우림라이온스밸리 B동 B113~114호, C동 B101호
홈페이지   www.book.co.kr
전화번호   (02)2026-5777   팩스   (02)2026-5747

ISBN   979-11-6539-840-8 03180 (종이책)   979-11-6539-841-5 05180 (전자책)

(주)북랩 성공출판의 파트너

북랩 홈페이지와 패밀리 사이트에서 다양한 출판 솔루션을 만나 보세요!

홈페이지 book.co.kr • **블로그** blog.naver.com/essaybook • **출판문의** book@book.co.kr

작가 연락처 문의 ▶ ask.book.co.kr

작가 연락처는 개인정보이므로 북랩에서 알려드릴 수 없습니다.

양필선 지음

한눈에
쉽게 보는
60년
운세

내 운세를 점치는
가장 쉽고 빠른 방법

북랩 book Lab

춘하추동 사계절이 있듯이 우리네 삶에도 운세 변화가 있다. 비가 오고 바람 불고 눈보라 태풍이 몰아쳐 죽을 것 같은 시간도 있지만, 지나가고 다시 따뜻한 해가 비치듯이 변화가 있고 다시 살만해지는 그런 것이 삶이다.

초년부터 부모 잘 만나 속된 말로 금수저 물고 태어나 고생이라고는 모르고 호의호식하고 잘사는 사람들도 있지만 그것은 소수에 불과하고 또한 그런 사람들 역시 평생 같은 운은 아니라는 것이다.

다행히 운을 잘 타고나 길게 가는 경우도 있지만 언제든 반드시 변환점이 온다는 것이다.

세상이 아무리 좋아져도 살아가면서 그때그때의 상황마다 넘어야 하는 산이 있기에 누구에게나 고난의 시간은 있다.

그래서 좋을 때는 모르지만, 어려움이 닥치고 고난의 시기가 길게 간다면 사람은 무엇이라도 잡고 싶은 심정이 된다. 그래서 운세라는 것을 보게 되는 것이다.

지피지기면 백전백승이라고 했다. 알면 피할 수 있고 기회 또한 잡을 수 있는 것이 사람의 지혜이다. 무작정 행동하는 것이 아니라 자신이 아는 선에서 행동을 한다면 어려움을 피해갈 수 있을 것이다.

명리학 공부를 하고 운세 보는 법을 참고하여 비 오기 전에 대비를 하는 것이다.

지금까지 어렵게만 느껴졌던 운세 풀이를 좀 더 쉽게 접할 수 있도록, 운세를 간단하게 풀어볼 수 있는 비법을 이 책을 통해 알리고자 한다.

물론 많은 사람들이 이 일을 하고 있으며, 풀어가는 방법도 사람마다 천차만별이지만 여기에서는 명리학을 기반으로 간단하게 시원하고 상큼한 방법을 소개한다.

운세 풀이를 업으로 삼는 사람들도, 재미로 내 운세를 알고자 하는 사람들도 이 책을 통해 좀 더 쉽게 운세 풀이를 접할 수 있지 않을까 하는 마음에서 책을 내놓는다.

2021년 6월
필선

주소_ 서울시 구로구 구로동로28길 49-13
전화_ 010-2357-9198
이메일_ yoss999@hanmail.net

3장 60년 운세 보기 - 해운에서 재, 관운까지

4장   신살론

1장

운세 풀이 기본법

01 | 십간과 십이지

사람들은 '내가 어떤 운을 타고났을까?', '금년에 하는 일은 잘되 겠는가?', '돈은 잘 벌겠는가?', '이사를 할 수 있을까? 하면 어느 방 향으로 가는 것이 좋을까?', '무엇을 하면 되겠는가?' 등 궁금한 것 을 풀기 위해 운세를 보러 방문을 한다.

운세의 좋고 나쁨은 그 해의 재와 관의 흐름에 따라 판별이 된 다. 이사나 이동 운은 방위(방향)와 날짜를 잘 선택해야 한다.

우선 내 손안에서 십간과 십이지를 넣고 돌려 보기로 하자.

십간	甲	乙	丙	丁	戊	己	庚	申	壬	癸

십이지	子	丑	寅	卯	辰	巳	午	未	辛	酉	戌	亥

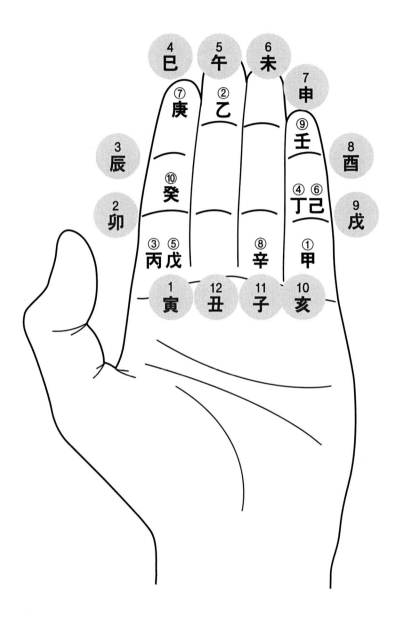

02 | 이사 운 보는 법

 이사 운을 볼 때 중요한 것은 방위이다.

 가족들의 나이에 따라 방향이 다르게 나오니 책력에서 찾고 방위표를 살펴 길한 방위를 선택한다.

 해운방위는 대장군방과 삼살방을 중요시하며, 이 방위는 누구에게나 다 해당되는데 이사 방위는 대장군방보다 삼살방이 더 불길하니 삼살방은 되도록 피하고 안 가는 것이 현명하다.

 상문, 조객방도 불길하고 재수가 없는 방위이니 문상이나 출행을 할 시 항시 조심을 하여야 한다.

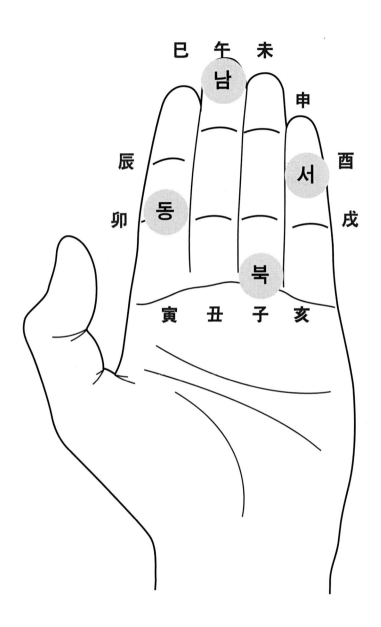

03 | 이사 방위 내 손안에서 잡는 법

순서는 다음과 같다.

1천록 - 2안손 - 3식신 - 4증파 - 5오귀 - 6합식 - 7진귀 - 8관인
- 9퇴식

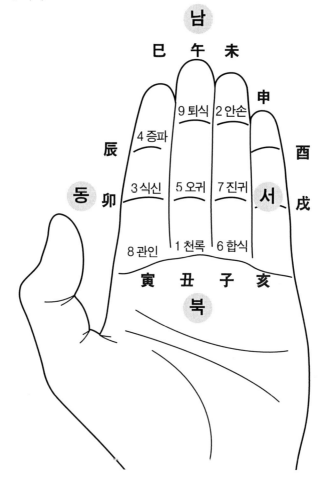

잡는 법은 다음과 같다.

길한 방위는 1천록, 3식신, 6합식, 8관인이며,

불길한 방위는 2안손, 4중파, 5오귀, 7진귀, 9퇴식이다.

남자는 3식신에서 시작하고 여자는 4중파에서 시작한다.

시작점을 1살로 거꾸로 세어 나이 숫자대로 돌려 짚어 나가다 나이에 떨어지는 곳이 당년 운세 1천록 방이 되는데 여기서부터는 거꾸로가 아닌, 순행으로 짚어 나가는 것이 방위 잡는 법이다.

가령 남자 35세 방위를 보려면 시작점이 3식신 점이니 거꾸로 2안손 - 1천록 - 9퇴식 - 8관인 - 7진귀 - 6합식 - 5오귀 - 4중파 - 3식신 이렇게 짚어 가다 나이에 닿는 곳이 5오귀에 해당되니 여기서부터는 순행으로 가는데, 5오귀가 1천록 방이고, 6합식이 2안손, 7진귀가 3식신, 8관인이 4중파, 9퇴식이 5오귀, 1천록이 6합식, 2안손이 7진귀, 3식신이 8관인, 4중파가 9퇴식 방이 된다.

여자도 같은 방법으로 4중파 방에서 시작하여 짚어 나간다.

여자 나이 35세 방위를 보려면 역행으로 시작, 1세가 4중파 방이므로, 3식신이 2살, 2안손이 3살, 1천록이 4살, 9퇴식이 5살, 8관인이 6살, 7진귀가 7살, 6합식이 8살, 5오귀가 9살, 4중파가 10살이 된다. 이렇게 돌려가며 짚어 나가다 보면 35세가 6합식 방에 닿는다.

여기서부터 합식 방이 1천록 방이 되는 것이다. 여기서는 바로가기로, 6합식 - 7진귀 - 8관인 - 9퇴식 - 1천록 - 2안손 - 3식신 - 4

증파 - 5오귀 - 6합식 이런 순서로 가는 것이다. 여기에서 금년 현재 운세를 보는데 3식신 방이 동쪽, 7진귀가 서쪽, 9퇴식이 남쪽, 1천록이 북쪽이다. 그 사이사이를 간방이라고 한다(동남, 서남, 서북, 동북).

쉽게 보려면 책력을 참고하는데, 이 방법을 숙지해 놓으면 책이 없어도 언제 어디서나 내 손안에서 방위를 돌려 볼 수 있어 유용하다.

2장

십이 운성 돌리기

01 | 십이 운성 돌리는 법

양간은 순행으로 돌고(陽 : 甲丙戊庚壬…),
음간은 역순으로 돈다(陰 : 乙丁己辛癸…).

순행은 시작점에서부터 12지 순을 따라 돈다.

예를 들어 庚金의 시작점은 巳에서 생, 午에서 욕, 未에서 대, 申에서 건, 酉에서 왕, 戌에서 쇠, 亥에서 병, 子에서 사, 丑에서 묘, 寅에서 절, 卯에서 태, 辰에서 양의 순으로 돈다.

역행일 경우 시작점에서부터 12지 순을 반대로 돈다.

예를 들어 辛金의 시작점은 子에서 생, 亥에서 욕, 戌에서 대, 酉에서 건, 申에서 왕, 未에서 쇠, 午에서 병, 巳에서 사, 辰에서 묘, 卯에서 절, 寅에서 태, 丑에서 양이 된다.

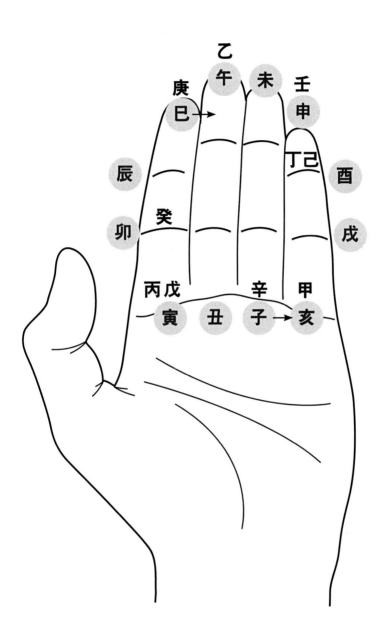

일간	甲	乙	丙, 戊	丁, 己	庚	辛	壬	癸
장생	亥	午	寅	酉	巳	子	申	卯
목욕	子	巳	卯	申	午	亥	酉	寅
관대	丑	辰	辰	未	未	戌	戌	丑
건록	寅	卯	巳	午	申	酉	亥	子
제왕	卯	寅	午	巳	酉	申	子	亥
쇠	辰	丑	未	辰	戌	未	丑	戌
병	巳	子	申	卯	亥	午	寅	酉
사	午	亥	酉	寅	子	巳	卯	申
묘	未	戌	戌	丑	丑	辰	辰	未
절	申	酉	亥	子	寅	卯	巳	午
태	酉	申	子	亥	卯	寅	午	巳
양	戌	未	丑	戌	辰	丑	未	辰

03 | 십이 운성이란?

십이 운성이란 포태양생의 법칙이며 사람이 태어나서 죽을 때까지의 과정을 이르는 천리 순환의 이치를 말하는 것이다.

(1) 장생 : 출생하여 어머니 품안에 있는 유년기 시절을 이르는 말이다.

(2) 목욕 : 출생 후 태아의 때를 씻는 것과 같아 여러 가지 혼돈의 유년기를 거쳐, 활발히 활동하는 소년기와 학창시기를 이르는 말이다.

(3) 관대 : 소년기를 지나 성년이 되어 사회에 진출하고 결혼을 하는 청년기에 이르는 시기를 이르는 말이다.

(4) 건록 : 청년기의 왕성한 시기를 거쳐 중년에 이르는 시기를 말한다.

(5) 제왕 : 중년기에 인생의 절정기로 최고의 위치까지 올라 갈 수 있는 최상의 시기를 이르는 말이다.

⑹ **쇠** : 이제 왕관을 벗고 은퇴하는 황혼기를 이르는 말이다.

⑺ **병** : 어느덧 몸과 마음이 시들어 병들어 가는 노년기의 시기를 말한다.

⑻ **사** : 극성으로 노쇠하여 병들어 사망에 이르는 것을 말한다.

⑼ **묘** : 사후 땅속에 묻힌 것을 이르는 것이니 이때는 매사가 답답하다.

⑽ **절** : 묘에 묻힌 후 그 형체가 허물어지는 시기이니 심사숙고해야 한다.

⑾ **태** : 생명으로 다시 태어나기 위해 태중에 잉태되는 상태이니 희망이 있다.

⑿ **양** : 어두운 시기가 지나고 다시 태어나기 위해 기다리는 시기를 말한다.

3장

60년 운세 보기

- 해운에서 재, 관운까지
(갑자년~계해년)

01 | 甲子년 운세 보는 법
(巳, 酉, 丑 생 : 묵는 삼재)

  첫째 사주를 뽑아 놓고 사주 네 기둥 안에서 아래에 있는 글자가 들어간 곳에 표기를 하고 사주에 필요한 오행(용신)과 대운, 세수를 찾아 놓고 甲子년 운세 풀이를 하는데, 여러 개의 살이 겹치는 곳은 더 강하게 작용한다.

  甲에 丑未는 천을귀인이 되고, 甲에 寅은 건록이며, 甲에 亥는 암록이고, 甲에 己는 천간합, 甲에 庚은 천간충, 甲에 卯는 양인살, 甲에 辰은 백호대살, 甲에 子午는 신진살이 된다.

甲

丑未 : 천을귀인

寅 : 건록

亥 : 암록

己 : 천간합

庚 : 천간충

卯 : 양인살

辰 : 백호대살

子午 : 신진살

子에 丑은 천간합 土, 子에 午는 충, 子에 卯는 형, 子에 酉는 파, 子에 未는 해 원진살, 子에 戌은 혈인살 과숙살 조객살, 子에 申은 백호살, 子에 寅은 고진살 상문살 역마살, 子에 巳는 단명살이 된다.

子

丑 : 천간합 土

午 : 충

卯 : 형

酉 : 파

未 : 해, 원진살

戌 : 혈인살, 과숙살, 조객살

申 : 백호살

寅 : 고진살, 상문살, 역마살

巳 : 단명살

대장군방 : 亥子丑 년 : 정 西방

삼살방 : 申子辰 년 : 정 南방

삼재 : 亥子丑 년 : 巳酉丑 생

상문 : 寅 방

조객 : 戌 방

일간이 '나'이므로 일간을 기준으로 사주에서 정재와 정관을 찾아 놓고 십이 운성의 흐름에 따라 잘되고 안되고를 본다.

財, 정재는 재물 운이고 官, 정관은 사업·명예·직업 등의 진로 운이며 甲子년 재와 관의 십이 운성 기운은 아래와 같으니 사주와 닿는 위 살들의 뜻을 살피며 아래 재와 관의 기운을 참고하면 甲子년 운세 흐름을 가늠할 수가 있다.

일간 : 나	正財(정재)	正官(정관)
甲木(욕)	己土(절)	辛金(생)
乙木(병)	戊土(태)	庚金(사)
丙火(태)	辛金(생)	癸水(건)
丁火(절)	庚金(사)	壬水(왕)
戊土(태)	癸水(건)	乙木(병)
己土(절)	壬水(왕)	甲木(욕)
庚金(사)	乙木(병)	丁火(절)
辛金(생)	甲木(욕)	丙火(태)
壬水(왕)	丁火(절)	己土(절)
癸水(건)	丙火(태)	戊土(태)

이사를 하거나 이동 출행을 할 때 피해야 하는 방위는 삼살방과 상문, 조객방이다.

주로 이사 방위는 손 없는 날로 하는데 그래서 이사하는 날이라고 9와 10이 드는 날은 이사 비용도 많이 든다.

그러니 방향에 따라 손이 있는지 살피면 된다.

1~2일은 동쪽, 3~4일은 남쪽, 5~6일은 서쪽, 7~8일은 북쪽에 손이 있으니 이날에 이 방위만 피하면 되고 9~10일은 손이 없다. 손이 있는 날 이사를 하든가, 못을 박든가 하면 탈이 난다고 한다.

※ 갑자년 운세 보는 법을 기준으로, 이후부터 해운 운세 보는 법은 간략하게 약식으로 적는다.

02 | 乙丑년 운세 보는 법
(巳, 酉, 丑 생 : 나가는 삼재)

첫째 사주를 뽑아 놓고 사주 네 기둥 안에서 아래에 있는 글자가 들어간 곳에 표기를 하고 사주에 필요한 오행(용신)과 대운, 세수를 찾아 놓고 乙丑년 운세 풀이를 하는데, 여러 개의 살이 겹치는 곳은 더 강하게 작용한다.

子申 : 천을귀인

卯 : 건록

戌 : 암록

庚 : 천간합

辛 : 천간충

辰 : 양인살

未 : 백호대살

巳 : 역마살

丑

子 : 합 土

未 : 충

戌 : 형

辰 : 파

午 : 해, 원진살

酉 : 혈인살, 백호살

寅 : 단명살, 고진살

亥 : 조객살, 역마살

卯 : 상문살, 화계살

대장군방 : 亥子丑 년 : 정 西방

삼살방 : 巳酉丑 년 : 정 東방

삼재 : 亥子丑 년 : 巳酉丑 생

상문 : 卯 방

조객 : 亥 방

일간이 '나'이므로 일간을 기준으로 사주에서 정재와 정관을 찾아 놓고 십이 운성의 흐름에 따라 잘되고 안되고를 본다.

財, 정재는 재물 운이고 官, 정관은 사업·명예·직업 등의 진로 운이며 乙丑년 재와 관의 십이 운성 기운은 아래와 같다.

일간 : 나	正財(정재)	正官(정관)
甲木(대)	己土(묘)	辛金(양)
乙木(쇠)	戊土(양)	庚金(묘)
丙火(양)	辛金(양)	癸水(대)
丁火(묘)	庚金(묘)	壬水(쇠)
戊土(양)	癸水(대)	乙木(쇠)
己土(묘)	壬水(쇠)	甲木(대)
庚金(묘)	乙木(쇠)	丁火(묘)
辛金(양)	甲木(대)	丙火(양)
壬水(쇠)	丁火(묘)	己土(묘)
癸水(대)	丙火(양)	戊土(양)

첫째 사주를 뽑아 놓고 사주 네 기둥 안에서 아래에 있는 글자
가 들어간 곳에 표기를 하고 사주에 필요한 오행(용신)과 대운, 세
수를 찾아 놓고 丙寅년 운세 풀이를 하는데, 여러 개의 살이 겹치
는 곳은 더 강하게 작용한다.

亥酉 : 천을귀인

巳 : 건록

申 : 암록

辛 : 천간합

壬 : 천간충

午 : 양인살

戌 : 백호대살

申 : 역마살

寅

亥 : 합 木

申 : 충, 혈인살

巳 : 형, 해, 고진살

亥 : 파

酉 : 원진살

戌 : 백호살

丑 : 과숙살

子 : 조객살, 화계살

辰 : 상문살, 단명살

내장군방 : 寅卯辰 년 : 정 北방

삼살방 : 寅午戌 년 : 정 北방

삼재 : 寅午戌 년 : 申子辰 생

상문 : 辰 방

조객 : 子 방

丙寅년 財와 官운 보는 법

일간이 '나'이므로 일간을 기준으로 사주에서 정재와 정관을 찾아 놓고 십이 운성의 흐름에 따라 잘되고 안되고를 본다.

財, 정재는 재물 운이고 官, 정관은 사업·명예·직업 등의 진로 운이며 丙寅년 재와 관의 십이 운성 기운은 아래와 같다.

일간 : 나	正財(정재)	正官(정관)
甲木(건)	己土(사)	辛金(태)
乙木(왕)	戊土(생)	庚金(절)
丙火(생)	辛金(태)	癸水(욕)
丁火(사)	庚金(절)	壬水(병)
戊土(생)	癸水(욕)	乙木(왕)
己土(사)	壬水(병)	甲木(건)
庚金(절)	乙木(왕)	丁火(사)
辛金(태)	甲木(건)	丙火(생)
壬水(병)	丁火(사)	己土(사)
癸水(욕)	丙火(생)	戊土(생)

첫째 사주를 뽑아 놓고 사주 네 기둥 안에서 아래에 있는 글자가 들어간 곳에 표기를 하고 사주에 필요한 오행(용신)과 대운, 세수를 찾아 놓고 丁卯년 운세 풀이를 하는데, 여러 개의 살이 겹치는 곳은 더 강하게 작용한다.

丁

亥酉 : 천을귀인

午 : 건록

未 : 암록, 양인살

壬 : 천간합

癸 : 천간충

丑 : 백호대살

申 : 역마살

卯

戌 : 합 火

酉 : 충

子 : 형

午 : 파

辰 : 해

申 : 원진살, 화계살

未 : 혈인살, 단명살

亥 : 백호살

巳 : 상문살, 고진살, 역마살

丑 : 조객살, 과숙살

대장군방 : 寅卯辰 년 : 정 北방

삼살방 : 亥卯未 년 : 정 西방

삼재 : 寅卯辰 년 : 申子辰 생

상문 : 巳 방

조객 : 丑 방

일간이 '나'이므로 일간을 기준으로 사주에서 정재와 정관을 찾아 놓고 십이 운성의 흐름에 따라 잘되고 안되고를 본다.

財, 정재는 재물 운이고 官, 정관은 사업·명예·직업 등의 진로 운이며 丁卯년 재와 관의 십이 운성 기운은 아래와 같다.

일간 : 나	正財(정재)	正官(정관)
甲木(왕)	己土(병)	辛金(절)
乙木(건)	戊土(욕)	庚金(태)
丙火(욕)	辛金(절)	癸水(생)
丁火(병)	庚金(태)	壬水(사)
戊土(욕)	癸水(생)	乙木(긴)
己土(병)	壬水(사)	甲木(왕)
庚金(태)	乙木(건)	丁火(병)
辛金(절)	甲木(왕)	丙火(욕)
壬水(사)	丁火(병)	己土(병)
癸水(생)	丙火(욕)	戊土(욕)

05 | 戊辰년 운세 보는 법
(申, 子, 辰 생 : 나가는 삼재)

첫째 사주를 뽑아 놓고 사주 네 기둥 안에서 아래에 있는 글자
가 들어간 곳에 표기를 하고 사주에 필요한 오행(용신)과 대운, 세
수를 찾아 놓고 戊辰년 운세 풀이를 하는데, 여러 개의 살이 겹치
는 곳은 더 강하게 작용한다.

戊

丑未 : 천을귀인
巳 : 건록
申 : 암록
癸 : 천간합
甲 : 천간충
午 : 양인살
辰 : 백호대살
申 : 역마살

辰

酉 : 합 金

戌 : 충

辰 : 형

丑 : 파

卯 : 해

亥 : 원진살

午 : 혈인살, 상문살

子 : 백호살

巳 : 고진살, 단명살

寅 : 역마살, 조객살

대장군방 : 寅卯辰 년 : 정 北방

삼살방 : 申子辰 년 : 정 南방

삼재 : 寅卯辰 년 : 申子辰 생

상문 : 午 방

조객 : 寅 방

일간이 '나'이므로 일간을 기준으로 사주에서 정재와 정관을 찾아 놓고 십이 운성의 흐름에 따라 잘되고 안되고를 본다.

財, 정재는 재물 운이고 官, 정관은 사업·명예·직업 등의 진로 운이며 戊辰년 재와 관의 십이 운성 기운은 아래와 같다.

일간 : 나	正財(정재)	正官(정관)
甲木(쇠)	己土(쇠)	辛金(묘)
乙木(대)	戊土(대)	庚金(양)
丙火(대)	辛金(묘)	癸水(양)
丁火(쇠)	庚金(양)	壬水(묘)
戊土(대)	癸水(양)	乙木(대)
己土(쇠)	壬水(묘)	甲木(쇠)
庚金(양)	乙木(대)	丁火(쇠)
辛金(묘)	甲木(쇠)	丙火(대)
壬水(묘)	丁火(쇠)	己土(쇠)
癸水(양)	丙火(대)	戊土(대)

06 | 己巳년 운세 보는 법
(亥, 卯, 未 생 : 드는 삼재)

첫째 사주를 뽑아 놓고 사주 네 기둥 안에서 아래에 있는 글자
가 들어간 곳에 표기를 하고 사주에 필요한 오행(용신)과 대운, 세
수를 찾아 놓고 己巳년 운세 풀이를 하는데, 여러 개의 살이 겹치
는 곳은 더 강하게 작용한다.

子申 : 천을귀인

午 : 건록

未 : 암록

甲 : 천간합

乙 : 천간충

未 : 양인살

申 : 역마살

卯酉 : 신진살

巳

申 : 합 水

亥 : 충, 역마살

申 : 형, 파

寅 : 해, 단명살

戌 : 원진살

巳 : 혈인살

丑 : 백호살

辰 : 과숙살

卯 : 조객살, 화개살

未 : 상문살

대장군방 : 巳午未 년 : 정 東방

삼살방 : 巳酉丑 년 : 정 東방

삼재 : 巳午未 년 : 亥卯未 생

상문 : 未 방

조객 : 卯 방

일간이 '나'이므로 일간을 기준으로 사주에서 정재와 정관을 찾아 놓고 십이 운성의 흐름에 따라 잘되고 안되고를 본다.

財, 정재는 재물 운이고 官, 정관은 사업·명예·직업 등의 진로 운이며 己巳년 재와 관의 십이 운성 기운은 아래와 같다.

일간 : 나	正財(정재)	正官(정관)
甲木(병)	己土(왕)	辛金(사)
乙木(욕)	戊土(건)	庚金(생)
丙火(건)	辛金(사)	癸水(태)
丁火(왕)	庚金(생)	壬水(절)
戊土(긴)	癸水(대)	乙木(욕)
己土(왕)	壬水(절)	甲木(병)
庚金(생)	乙木(욕)	丁火(왕)
辛金(사)	甲木(병)	丙火(건)
壬水(절)	丁火(왕)	己土(왕)
癸水(태)	丙火(건)	戊土(건)

07 | 庚午년 운세 보는 법
(亥, 卯, 未 생 : 묵는 삼재)

첫째 사주를 뽑아 놓고 사주 네 기둥 안에서 아래에 있는 글자가 들어간 곳에 표기를 하고 사주에 필요한 오행(용신)과 대운, 세수를 찾아 놓고 庚午년 운세 풀이를 하는데, 여러 개의 살이 겹치는 곳은 더 강하게 작용한다.

庚

丑未 : 천을귀인

申 : 건록

巳 : 암록

乙 : 천간합

丙 : 천간충

酉 : 양인살

亥 : 역마살

午

未 : 합 無

子 : 충, 화계살

午 : 형

卯 : 파

丑 : 해, 원진살

辰 : 혈인살, 단명살

寅 : 백호살

申 : 상문살, 고진살, 역마살

辰 : 과숙살, 조객살

대장군방 : 巳午未 년 : 정 東방

삼살방 : 寅午戌 년 : 정 北방

삼재 : 巳午未 년 : 亥卯未 생

상문 : 申 방

조객 : 辰 방

 일간이 '나'이므로 일간을 기준으로 사주에서 정재와 정관을 찾아 놓고 십이 운성의 흐름에 따라 잘되고 안되고를 본다.

 財, 정재는 재물 운이고 官, 정관은 사업·명예·직업 등의 진로 운이며 庚午년 재와 관의 십이 운성 기운은 아래와 같다.

일간 : 나	正財(정재)	正官(정관)
甲木(사)	己土(건)	辛金(병)
乙木(생)	戊土(왕)	庚金(욕)
丙火(왕)	辛金(병)	癸水(절)
丁火(건)	庚金(욕)	壬水(태)
戊土(왕)	癸水(절)	乙木(생)
己土(건)	壬水(태)	甲木(사)
庚金(욕)	乙木(생)	丁火(건)
辛金(병)	甲木(사)	丙火(왕)
壬水(태)	丁火(건)	己土(건)
癸水(절)	丙火(왕)	戊土(왕)

08 | 辛未년 운세 보는 법
(亥, 卯, 未 생 : 나는 삼재)

첫째 사주를 뽑아 놓고 사주 네 기둥 안에서 아래에 있는 글자가 들어간 곳에 표기를 하고 사주에 필요한 오행(용신)과 대운, 세수를 찾아 놓고 辛未년 운세 풀이를 하는데, 여러 개의 살이 겹치는 곳은 더 강하게 작용한다.

辛

寅午 : 천을귀인

酉 : 건록

辰 : 암록

丙 : 천간합

丁 : 천간충

戌 : 양인살

亥 : 역마살

未

午 : 합 無

丑 : 충, 형

戌 : 파

子 : 해, 원진살

卯 : 혈인살, 백호살

申 : 고진살, 화계살

辰 : 과숙살

巳 : 조객살, 역마살

酉 : 상문살

未 : 단명살

대장군방 : 巳午未 년 : 정 東방

삼살방 : 亥卯未 년 : 정 西방

삼재 : 巳午未 년 : 亥卯未 생

상문 : 酉 방

조객 : 巳 방

　　일간이 '나'이므로 일간을 기준으로 사주에서 정재와 정관을 찾
아 놓고 십이 운성의 흐름에 따라 잘되고 안되고를 본다.

　　財, 정재는 재물 운이고 官, 정관은 사업·명예·직업 등의 진로 운
이며 辛未년 재와 관의 십이 운성 기운은 아래와 같다.

일간 : 나	正財(정재)	正官(정관)
甲木(묘)	己土(대)	辛金(쇠)
乙木(양)	戊土(쇠)	庚金(대)
丙火(쇠)	辛金(쇠)	癸水(묘)
丁火(대)	庚金(대)	壬水(양)
戊土(쇠)	癸水(묘)	乙木(양)
己土(대)	壬水(양)	甲木(묘)
庚金(대)	乙木(양)	丁火(대)
辛金(쇠)	甲木(묘)	丙火(쇠)
壬水(양)	丁火(대)	己土(대)
癸水(묘)	丙火(쇠)	戊土(쇠)

09 │ 壬申년 운세 보는 법
(寅, 午, 戌 생 : 드는 삼재)

첫째 사주를 뽑아 놓고 사주 네 기둥 안에서 아래에 있는 글자가 들어간 곳에 표기를 하고 사주에 필요한 오행(용신)과 대운, 세수를 찾아 놓고 壬申년 운세 풀이를 하는데, 여러 개의 살이 겹치는 곳은 더 강하게 작용한다.

壬

巳卯 : 천을귀인

亥 : 건록

寅 : 암록, 역마살

丁 : 천간합

戊 : 천간충

子辰 : 양인살

戌 : 백호대살

辰戌 : 괴강살

申

巳 : 합 水

寅 : 충, 형, 혈인살

巳 : 파, 단명살

亥 : 해, 고진살

卯 : 원진살

辰 : 백호살, 화계살

未 : 과숙살

午 : 조객살

戌 : 상문살

대상군방 : 申酉戌 년 : 정 南방

삼살방 : 申子辰 년 : 정 南방

삼재 : 申酉戌 년 : 寅午戌 생

상문 : 戌 방

조객 : 午 방

일간이 '나'이므로 일간을 기준으로 사주에서 정재와 정관을 찾아 놓고 십이 운성의 흐름에 따라 잘되고 안되고를 본다.

財, 정재는 재물 운이고 官, 정관은 사업·명예·직업 등의 진로 운이며 壬申년 재와 관의 십이 운성 기운은 아래와 같다.

일간 : 나	正財(정재)	正官(정관)
甲木(절)	己土(욕)	辛金(왕)
乙木(태)	戊土(병)	庚金(건)
丙火(병)	辛金(왕)	癸水(사)
丁火(욕)	庚金(건)	壬水(생)
戊土(병)	癸水(사)	乙木(태)
己土(욕)	壬水(생)	甲木(절)
庚金(건)	乙木(태)	丁火(욕)
辛金(왕)	甲木(절)	丙火(병)
壬水(생)	丁火(욕)	己土(욕)
癸水(사)	丙火(병)	戊土(병)

10 │ 癸酉년 운세 보는 법
(寅, 午, 戌 생 : 묵는 삼재)

    첫째 사주를 뽑아 놓고 사주 네 기둥 안에서 아래에 있는 글자가 들어간 곳에 표기를 하고 사주에 필요한 오행(용신)과 대운, 세수를 찾아 놓고 癸酉년 운세 풀이를 하는데, 여러 개의 살이 겹치는 곳은 더 강하게 작용한다.

巳卯 : 천을귀인

子 : 건록

丑 : 암록

戌 : 천간합

己 : 천간충

寅 : 역마살

丑 : 양인살

丑 : 백호대살

酉

辰 : 합 金

卯 : 충, 화계살

酉 : 형

子 : 파

戌 : 해

寅 : 원진살, 단명살

丑 : 혈인살

巳 : 백호살

亥 : 고진살, 상문살, 역마살

未 : 과숙살

申 : 조객살

대장군방 : 申酉戌 년 : 정 南방

삼살방 : 巳酉丑 년 : 정 東방

삼재 : 申酉戌 년 : 寅午戌 생

상문 : 亥 방

조객 : 申 방

　　일간이 '나'이므로 일간을 기준으로 사주에서 정재와 정관을 찾아 놓고 십이 운성의 흐름에 따라 잘되고 안되고를 본다.

　　財, 정재는 재물 운이고 官, 정관은 사업·명예·직업 등의 진로 운이며 癸酉년 재와 관의 십이 운성 기운은 아래와 같다.

일간 : 나	正財(정재)	正官(정관)
甲木(태)	己土(생)	辛金(건)
乙木(절)	戊土(사)	庚金(왕)
丙火(사)	辛金(건)	癸水(병)
丁火(생)	庚金(왕)	壬水(욕)
戊土(사)	癸水(병)	乙木(절)
己土(생)	壬水(욕)	甲木(태)
庚金(왕)	乙木(절)	丁火(생)
辛金(건)	甲木(태)	丙火(사)
壬水(욕)	丁火(생)	己土(생)
癸水(병)	丙火(사)	戊土(사)

11 | 甲戌년 운세 보는 법
(寅, 午, 戌 생 : 나가는 삼재)

첫째 사주를 뽑아 놓고 사주 네 기둥 안에서 아래에 있는 글자
가 들어간 곳에 표기를 하고 사주에 필요한 오행(용신)과 대운, 세
수를 찾아 놓고 甲戌년 운세 풀이를 하는데, 여러 개의 살이 겹치
는 곳은 더 강하게 작용한다.

丑未 : 천을귀인

寅 : 건록

亥 : 암록

己 : 천간합

庚 : 천간충

卯 : 양인살

辰 : 백호대살

子午 : 신진살

巳 : 역마살

戌

卯 : 합 火

辰 : 충

未 : 형, 파, 과숙살

酉 : 해

巳 : 원진살

子 : 혈인살, 상문살, 화계살

午 : 백호살

亥 : 고진살

申 : 조객살, 역마살

내장군방 : 申酉戌 넌 : 정 南방

삼살방 : 寅午戌 년 : 정 北방

삼재 : 申酉戌 년 : 寅午戌 생

상문 : 子 방

조객 : 申 방

일간이 '나'이므로 일간을 기준으로 사주에서 정재와 정관을 찾아 놓고 십이 운성의 흐름에 따라 잘되고 안되고를 본다.

財, 정재는 재물 운이고 官, 정관은 사업·명예·직업 등의 진로 운이며 甲戌년 재와 관의 십이 운성 기운은 아래와 같다.

일간 : 나	正財(정재)	正官(정관)
甲木(양)	己土(양)	辛金(대)
乙木(묘)	戊土(묘)	庚金(쇠)
丙火(묘)	辛金(대)	癸水(쇠)
丁火(양)	庚金(쇠)	壬水(대)
戊土(묘)	癸水(쇠)	乙木(묘)
己土(양)	壬水(대)	甲木(양)
庚金(쇠)	乙木(묘)	丁火(양)
辛金(대)	甲木(양)	丙火(묘)
壬水(대)	丁火(양)	己土(양)
癸水(쇠)	丙火(묘)	戊土(묘)

첫째 사주를 뽑아 놓고 사주 네 기둥 안에서 아래에 있는 글자가 들어간 곳에 표기를 하고 사주에 필요한 오행(용신)과 대운, 세수를 찾아 놓고 乙亥년 운세 풀이를 하는데, 여러 개의 살이 겹치는 곳은 더 강하게 작용한다.

子申 : 천을귀인

卯 : 건록

戌 : 암록

庚 : 천간합

辛 : 천간충

辰 : 양인살

未 : 백호대살

巳 : 역마살

亥

寅 : 합 木

巳 : 충, 역마살

亥 : 형, 혈인살

寅 : 파, 고진살

戌 : 해, 과숙살

辰 : 원진살

未 : 백호살, 단명살

酉 : 조객살

丑 : 상문살

申 : 화계살

대장군방 : 亥子丑 년 : 정 西방

삼살방 : 亥卯未 년 : 정 西방

삼재 : 亥子丑 년 : 巳酉丑 생

상문 : 丑 방

조객 : 酉 방

일간이 '나'이므로 일간을 기준으로 사주에서 정재와 정관을 찾아 놓고 십이 운성의 흐름에 따라 잘되고 안되고를 본다.

財, 정재는 재물 운이고 官, 정관은 사업·명예·직업 등의 진로 운이며 乙亥년 재와 관의 십이 운성 기운은 아래와 같다.

일간 : 나	正財(정재)	正官(정관)
甲木(생)	己土(태)	辛金(욕)
乙木(사)	戊土(절)	庚金(병)
丙火(절)	辛金(욕)	癸水(왕)
丁火(태)	庚金(병)	壬水(건)
戊土(절)	癸水(욍)	乙木(사)
己土(태)	壬水(건)	甲木(생)
庚金(병)	乙木(사)	丁火(태)
辛金(욕)	甲木(생)	丙火(절)
壬水(건)	丁火(태)	己土(태)
癸水(왕)	丙火(절)	戊土(절)

13 | 丙子년 운세 보는 법
(巳, 酉, 丑 생 : 묵는 삼재)

첫째 사주를 뽑아 놓고 사주 네 기둥 안에서 아래에 있는 글자가 들어간 곳에 표기를 하고 사주에 필요한 오행(용신)과 대운, 세수를 찾아 놓고 丙子년 운세 풀이를 하는데, 여러 개의 살이 겹치는 곳은 더 강하게 작용한다.

丙

亥酉 : 천을귀인

巳 : 건록

申 : 암록

辛 : 천간합

壬 : 천간충

午 : 양인살

戌 : 백호대살

申 : 역마살

子

丑 : 합 土

午 : 충

卯 : 형

酉 : 파

未 : 해, 원진살

戌 : 혈인살, 조객살

申 : 백호살

寅 : 상문살, 고진살, 역마살

辰 : 화계살

巳 : 단명살

대장군방 : 亥子丑 년 : 정 西방

삼살방 : 申子辰 년 : 정 南방

삼재 : 亥子丑 년 : 巳酉丑 생

상문 : 寅 방

조객 : 戌 방

일간이 '나'이므로 일간을 기준으로 사주에서 정재와 정관을 찾아 놓고 십이 운성의 흐름에 따라 잘되고 안되고를 본다.

財, 정재는 재물 운이고 官, 정관은 사업·명예·직업 등의 진로 운이며 丙子년 재와 관의 십이 운성 기운은 아래와 같다.

일간 : 나	正財(정재)	正官(정관)
甲木(욕)	己土(절)	辛金(생)
乙木(병)	戊土(태)	庚金(사)
丙火(태)	辛金(생)	癸水(건)
丁火(절)	庚金(사)	壬水(왕)
戊土(태)	癸水(건)	乙木(병)
己土(절)	壬水(왕)	甲木(욕)
庚金(사)	乙木(병)	丁火(절)
辛金(생)	甲木(욕)	丙火(태)
壬水(왕)	丁火(절)	己土(절)
癸水(건)	丙火(태)	戊土(태)

14 | 丁丑년 운세 보는 법
(巳, 酉, 丑 생 : 나가는 삼재)

첫째 사주를 뽑아 놓고 사주 네 기둥 안에서 아래에 있는 글자가 들어간 곳에 표기를 하고 사주에 필요한 오행(용신)과 대운, 세수를 찾아 놓고 丁丑년 운세 풀이를 하는데, 여러 개의 살이 겹치는 곳은 더 강하게 작용한다.

丁

亥酉 : 천을귀인

午 : 건록

未 : 암록

壬 : 천간합

癸 : 천간충

未 : 양인살

丑 : 백호대살

申 : 역마살

丑

子 : 합 土

未 : 충

戌 : 형, 과숙살

辰 : 파

午 : 해, 원진살

酉 : 혈인살

寅 : 고진살, 단명살

亥 : 조객살, 역마살

卯 : 상문살

대장군방 : 亥子丑 년 : 정 西방

삼살방 : 巳酉丑 년 : 정 東방

삼재 : 亥子丑 년 : 巳酉丑 생

상문 : 卯 방

조객 : 亥 방

　　일간이 '나'이므로 일간을 기준으로 사주에서 정재와 정관을 찾
아 놓고 십이 운성의 흐름에 따라 잘되고 안되고를 본다.

　　財, 정재는 재물 운이고 官, 정관은 사업·명예·직업 등의 진로 운
이며 丁丑년 재와 관의 십이 운성 기운은 아래와 같다.

일간 : 나	正財(정재)	正官(정관)
甲木(대)	己土(묘)	辛金(양)
乙木(쇠)	戊土(양)	庚金(묘)
丙火(양)	辛金(양)	癸水(대)
丁火(묘)	庚金(묘)	壬水(쇠)
戊土(양)	癸水(대)	乙木(쇠)
己土(묘)	壬水(쇠)	甲木(대)
庚金(묘)	乙木(쇠)	丁火(묘)
辛金(양)	甲木(대)	丙火(양)
壬水(쇠)	丁火(묘)	己土(묘)
癸水(대)	丙火(양)	戊土(양)

15 | 戊寅년 운세 보는 법
(申, 子, 辰 생 : 드는 삼재)

첫째 사주를 뽑아 놓고 사주 네 기둥 안에서 아래에 있는 글자가 들어간 곳에 표기를 하고 사주에 필요한 오행(용신)과 대운, 세수를 찾아 놓고 戊寅년 운세 풀이를 하는데, 여러 개의 살이 겹치는 곳은 더 강하게 작용한다.

戊

丑未 : 천을귀인

巳 : 건록

申 : 암록

癸 : 천간합

甲 : 천간충

午 : 양인살

辰 : 백호대살

戌 : 괴강살

申 : 역마살

寅

亥 : 합 木

申 : 충, 혈인살

巳 : 형, 해, 고진살

亥 : 파

酉 : 원진살

戌 : 백호살

丑 : 과숙살

子 : 조객살, 화계살

辰 : 상문살

申 : 역마살

대장군방 : 寅卯辰 년 : 정 北방

삼살방 : 寅午戌 년 : 정 北방

삼재 : 寅卯辰 년 : 申子辰 생

상문 : 辰 방

조객 : 子 방

일간이 '나'이므로 일간을 기준으로 사주에서 정재와 정관을 찾아 놓고 십이 운성의 흐름에 따라 잘되고 안되고를 본다.

財, 정재는 재물 운이고 官, 정관은 사업·명예·직업 등의 진로 운이며 戊寅년 재와 관의 십이 운성 기운은 아래와 같다.

일간 : 나	正財(정재)	正官(정관)
甲木(건)	己土(사)	辛金(태)
乙木(왕)	戊土(생)	庚金(절)
丙火(생)	辛金(태)	癸水(욕)
丁火(사)	庚金(절)	壬水(병)
戊土(생)	癸水(욕)	乙木(왕)
己土(사)	壬水(병)	甲木(건)
庚金(절)	乙木(왕)	丁火(사)
辛金(태)	甲木(건)	丙火(생)
壬水(병)	丁火(사)	己土(사)
癸水(욕)	丙火(생)	戊土(생)

첫째 사주를 뽑아 놓고 사주 네 기둥 안에서 아래에 있는 글자가 들어간 곳에 표기를 하고 사주에 필요한 오행(용신)과 대운, 세수를 찾아 놓고 己卯년 운세 풀이를 하는데, 여러 개의 살이 겹치는 곳은 더 강하게 작용한다.

子申 : 천을귀인

午 : 건록

未 : 암록

甲 : 천간합

乙 : 천간충

未 : 양인살

卯酉 : 신진살

申 : 역마살

卯

戌 : 합 火

酉 : 충

子 : 형

午 : 파

辰 : 해

申 : 원진살

未 : 혈인살, 단명살

亥 : 백호살

巳 : 고진살, 상문살, 역마살

丑 : 과숙살, 조객살

대장군방 : 寅卯辰 년 : 정 北방

삼살방 : 亥卯未 년 : 정 西방

삼재 : 寅卯辰 년 : 申子辰 생

상문 : 巳 방

조객 : 丑 방

　　일간이 '나'이므로 일간을 기준으로 사주에서 정재와 정관을 찾아 놓고 십이 운성의 흐름에 따라 잘되고 안되고를 본다.

　　財, 정재는 재물 운이고 官, 정관은 사업·명예·직업 등의 진로 운이며 己卯년 재와 관의 십이 운성 기운은 아래와 같다.

일간 : 나	正財(정재)	正官(정관)
甲木(왕)	己土(병)	辛金(절)
乙木(건)	戊土(욕)	庚金(태)
丙火(욕)	辛金(절)	癸水(생)
丁火(병)	庚金(태)	壬水(사)
戊土(욕)	癸水(생)	乙木(긴)
己土(병)	壬水(사)	甲木(왕)
庚金(태)	乙木(건)	丁火(병)
辛金(절)	甲木(왕)	丙火(욕)
壬水(사)	丁火(병)	己土(병)
癸水(생)	丙火(욕)	戊土(욕)

17 | 庚辰년 운세 보는 법
(申, 子, 辰 생 : 나는 삼재)

첫째 사주를 뽑아 놓고 사주 네 기둥 안에서 아래에 있는 글자가 들어간 곳에 표기를 하고 사주에 필요한 오행(용신)과 대운, 세수를 찾아 놓고 庚辰년 운세 풀이를 하는데, 여러 개의 살이 겹치는 곳은 더 강하게 작용한다.

庚

丑未 : 천을귀인

申 : 건록

巳 : 암록

乙 : 천간합

丙 : 천간충

酉 : 양인살

辰戌 : 괴강살

亥 : 역마살

辰

酉 : 합 金

戌 : 충

辰 : 형, 화계살

丑 : 파

卯 : 해

亥 : 원진살

午 : 혈인살, 상문살

子 : 백호살

巳 : 고진살, 단명살

寅 : 조객살, 역마살

대장군방 : 寅卯辰 년 : 정 北방

삼살방 : 申子辰 년 : 정 南방

삼재 : 寅卯辰 년 : 申子辰 생

상문 : 午 방

조객 : 寅 방

　일간이 '나'이므로 일간을 기준으로 사주에서 정재와 정관을 찾아 놓고 십이 운성의 흐름에 따라 잘되고 안되고를 본다.

　財, 정재는 재물 운이고 官, 정관은 사업·명예·직업 등의 진로 운이며 庚辰년 재와 관의 십이 운성 기운은 아래와 같다.

일간 : 나	正財(정재)	正官(정관)
甲木(쇠)	己土(쇠)	辛金(묘)
乙木(대)	戊土(대)	庚金(양)
丙火(대)	辛金(묘)	癸水(양)
丁火(쇠)	庚金(양)	壬水(묘)
戊土(대)	癸水(양)	乙木(대)
己土(쇠)	壬水(묘)	甲木(쇠)
庚金(양)	乙木(대)	丁火(쇠)
辛金(묘)	甲木(쇠)	丙火(대)
壬水(묘)	丁火(쇠)	己土(쇠)
癸水(양)	丙火(대)	戊土(대)

18 | 辛巳년 운세 보는 법
(亥, 卯, 未 생 : 드는 삼재)

첫째 사주를 뽑아 놓고 사주 네 기둥 안에서 아래에 있는 글자가 들어간 곳에 표기를 하고 사주에 필요한 오행(용신)과 대운, 세수를 찾아 놓고 辛巳년 운세 풀이를 하는데, 여러 개의 살이 겹치는 곳은 더 강하게 작용한다.

辛

寅午 : 천을귀인

酉 : 건록

辰 : 암록

丙 : 천간합

丁 : 천간충

戌 : 양인살

亥 : 역마살

巳

申 : 합 水

亥 : 충, 역마살

申 : 형, 파, 고진살

寅 : 해, 단명살

戌 : 원진살

巳 : 혈인살

丑 : 백호살

辰 : 과숙살

卯 : 조객살

未 : 상문살

대장군방 : 巳午未 년 : 정 東방

삼살방 : 巳酉丑 년 : 정 東방

삼재 : 巳午未 년 : 亥卯未 생

상문 : 未 방

조객 : 卯 방

일간이 '나'이므로 일간을 기준으로 사주에서 정재와 정관을 찾아 놓고 십이 운성의 흐름에 따라 잘되고 안되고를 본다.

財, 정재는 재물 운이고 官, 정관은 사업·명예·직업 등의 진로 운이며 辛巳년 재와 관의 십이 운성 기운은 아래와 같다.

일간 : 나	正財(정재)	正官(정관)
甲木(병)	己土(왕)	辛金(사)
乙木(욕)	戊土(건)	庚金(생)
丙火(건)	辛金(사)	癸水(태)
丁火(왕)	庚金(생)	壬水(절)
戊土(긴)	癸水(태)	乙木(욕)
己土(왕)	壬水(절)	甲木(병)
庚金(생)	乙木(욕)	丁火(왕)
辛金(사)	甲木(병)	丙火(건)
壬水(절)	丁火(왕)	己土(왕)
癸水(태)	丙火(건)	戊土(건)

19 | 壬午년 운세 보는 법
(亥, 卯, 未 생 : 묵는 삼재)

첫째 사주를 뽑아 놓고 사주 네 기둥 안에서 아래에 있는 글자가 들어간 곳에 표기를 하고 사주에 필요한 오행(용신)과 대운, 세수를 찾아 놓고 壬午년 운세 풀이를 하는데, 여러 개의 살이 겹치는 곳은 더 강하게 작용한다.

壬

巳卯 : 천을귀인

亥 : 건록

寅 : 암록

丁 : 천간합

戊 : 천간충

子辰 : 양인살

戌 : 백호대살

寅 : 역마살

午

未 : 합 無

子 : 충

午 : 형

卯 : 파

丑 : 해, 원진살

辰 : 혈인살, 과숙살

寅 : 백호살

申 : 고진살, 상문살, 역마살

辰 : 조객살, 단명살

내장군방 : 巳午未 년 : 정 東방

삼살방 : 寅午戌 년 : 정 北방

삼재 : 巳午未 년 : 亥卯未 생

상문 : 申 방

조객 : 辰 방

壬午년 財와 官운 보는 법 ▨▨▨▨▨▨▨▨▨▨

일간이 '나'이므로 일간을 기준으로 사주에서 정재와 정관을 찾아 놓고 십이 운성의 흐름에 따라 잘되고 안되고를 본다.

財, 정재는 재물 운이고 官, 정관은 사업·명예·직업 등의 진로 운이며 壬午년 재와 관의 십이 운성 기운은 아래와 같다.

일간 : 나	正財(정재)	正官(정관)
甲木(사)	己土(건)	辛金(병)
乙木(생)	戊土(왕)	庚金(욕)
丙火(왕)	辛金(병)	癸水(절)
丁火(건)	庚金(욕)	壬水(태)
戊土(왕)	癸水(절)	乙木(생)
己土(건)	壬水(태)	甲木(사)
庚金(욕)	乙木(생)	丁火(건)
辛金(병)	甲木(사)	丙火(왕)
壬水(태)	丁火(건)	己土(건)
癸水(절)	丙火(왕)	戊土(왕)

20 | 癸未년 운세 보는 법
(亥, 卯, 未 생 : 나는 삼재)

첫째 사주를 뽑아 놓고 사주 네 기둥 안에서 아래에 있는 글자가 들어간 곳에 표기를 하고 사주에 필요한 오행(용신)과 대운, 세수를 찾아 놓고 癸未년 운세 풀이를 하는데, 여러 개의 살이 겹치는 곳은 더 강하게 작용한다.

巳卯 : 천을귀인

子 : 건록

丑 : 암록

戌 : 천간합

己 : 천간충

丑 : 양인살

寅 : 역마살

未

午 : 합 無

丑 : 충, 형

戌 : 파

子 : 해

卯 : 혈인살, 백호살

申 : 고진살, 화계살

辰 : 과숙살

巳 : 조객살, 역마살

酉 : 상문살

未 : 단명살

대장군방 : 巳午未 년 : 정 東방

삼살방 : 亥卯未 년 : 정 西방

삼재 : 巳午未 년 : 亥卯未 생

상문 : 酉 방

조객 : 巳 방

일간이 '나'이므로 일간을 기준으로 사주에서 정재와 정관을 찾아 놓고 십이 운성의 흐름에 따라 잘되고 안되고를 본다.

財, 정재는 재물 운이고 官, 정관은 사업·명예·직업 등의 진로 운이며 癸未년 재와 관의 십이 운성 기운은 아래와 같다.

일간 : 나	正財(정재)	正官(정관)
甲木(묘)	己土(대)	辛金(쇠)
乙木(양)	戊土(쇠)	庚金(대)
丙火(쇠)	辛金(쇠)	癸水(묘)
丁火(대)	庚金(대)	壬水(양)
戊土(쇠)	癸水(묘)	乙木(양)
己土(대)	壬水(양)	甲木(묘)
庚金(대)	乙木(양)	丁火(대)
辛金(쇠)	甲木(묘)	丙火(쇠)
壬水(양)	丁火(대)	己土(대)
癸水(묘)	丙火(쇠)	戊土(쇠)

첫째 사주를 뽑아 놓고 사주 네 기둥 안에서 아래에 있는 글자가 들어간 곳에 표기를 하고 사주에 필요한 오행(용신)과 대운, 세수를 찾아 놓고 甲申년 운세 풀이를 하는데, 여러 개의 살이 겹치는 곳은 더 강하게 작용한다.

丑未 : 천을귀인

寅 : 건록

亥 : 암록

己 : 천간합

庚 : 천간충

子午 : 신진살

卯 : 양인살

巳 : 역마살

申

巳 : 합 水

寅 : 충

巳 : 파, 단명살

亥 : 해, 고진살

卯 : 원진살

辰 : 백호살, 화계살

未 : 과숙살

午 : 조객살

戌 : 상문살

寅 : 혈인살, 역마살

대장군방 : 申酉戌 년 : 정 南방

삼살방 : 申子辰 년 : 정 南방

삼재 : 申酉戌 년 : 寅午戌 생

상문 : 戌 방

조객 : 午 방

일간이 '나'이므로 일간을 기준으로 사주에서 정재와 정관을 찾아 놓고 십이 운성의 흐름에 따라 잘되고 안되고를 본다.

財, 정재는 재물 운이고 官, 정관은 사업·명예·직업 등의 진로 운이며 甲申년 재와 관의 십이 운성 기운은 아래와 같다.

일간 : 나	正財(정재)	正官(정관)
甲木(절)	己土(욕)	辛金(왕)
乙木(태)	戊土(병)	庚金(건)
丙火(병)	辛金(왕)	癸水(사)
丁火(욕)	庚金(건)	壬水(생)
戊土(병)	癸水(사)	乙木(태)
己土(욕)	壬水(생)	甲木(절)
庚金(건)	乙木(태)	丁火(욕)
辛金(왕)	甲木(절)	丙火(병)
壬水(생)	丁火(욕)	己土(욕)
癸水(사)	丙火(병)	戊土(병)

22 | 乙酉년 운세 보는 법
(寅, 午, 戌 생 : 묵는 삼재)

첫째 사주를 뽑아 놓고 사주 네 기둥 안에서 아래에 있는 글자가 들어간 곳에 표기를 하고 사주에 필요한 오행(용신)과 대운, 세수를 찾아 놓고 乙酉년 운세 풀이를 하는데, 여러 개의 살이 겹치는 곳은 더 강하게 작용한다.

子申 : 천을귀인

卯 : 건록

戌 : 암록

庚 : 천간합

辛 : 천간충

辰 : 양인살

未 : 백호대살

巳 : 역마살

辰 : 합 金

卯 : 충, 화계살

酉 : 형

子 : 파

戌 : 해

寅 : 원진살

丑 : 혈인살

巳 : 백호살

亥 : 고진살, 상문살, 역마살

未 : 과숙살

申 : 조객살

대장군방 : 申酉戌 년 : 정 南방

삼살방 : 巳酉丑 년 : 정 東방

삼재 : 申酉戌 년 : 寅午戌 생

상문 : 亥 방

조객 : 申 방

일간이 '나'이므로 일간을 기준으로 사주에서 정재와 정관을 찾아 놓고 십이 운성의 흐름에 따라 잘되고 안되고를 본다.

財, 정재는 재물 운이고 官, 정관은 사업·명예·직업 등의 진로 운이며 乙酉년 재와 관의 십이 운성 기운은 아래와 같다.

일간 : 나	正財(정재)	正官(정관)
甲木(태)	己土(생)	辛金(건)
乙木(절)	戊土(사)	庚金(왕)
丙火(사)	辛金(건)	癸水(병)
丁火(생)	庚金(왕)	壬水(욕)
戊土(사)	癸水(병)	乙木(절)
己土(생)	壬水(욕)	甲木(태)
庚金(왕)	乙木(절)	丁火(생)
辛金(건)	甲木(태)	丙火(사)
壬水(욕)	丁火(생)	己土(생)
癸水(병)	丙火(사)	戊土(사)

첫째 사주를 뽑아 놓고 사주 네 기둥 안에서 아래에 있는 글자
가 들어간 곳에 표기를 하고 사주에 필요한 오행(용신)과 대운, 세
수를 찾아 놓고 丙戌년 운세 풀이를 하는데, 여러 개의 살이 겹치
는 곳은 더 강하게 작용한다.

丙

亥酉 : 천을귀인

巳 : 건록

申 : 암록

辛 : 천간합

壬 : 천간충

午 : 양인살

戌 : 백호대살

申 : 역마살

戌

卯 : 합 火

辰 : 충, 단명살

未 : 형, 파

酉 : 해

巳 : 원진살

子 : 혈인살, 상문살, 화계살

午 : 백호살

亥 : 고진살

未 : 과숙살

申 : 조객살, 역마살

대장군방 : 申酉戌 년 : 정 南방

삼살방 : 寅午戌 년 : 정 北방

삼재 : 申酉戌 년 : 寅午戌 생

상문 : 子 방

조객 : 申 방

일간이 '나'이므로 일간을 기준으로 사주에서 정재와 정관을 찾아 놓고 십이 운성의 흐름에 따라 잘되고 안되고를 본다.

財, 정재는 재물 운이고 官, 정관은 사업·명예·직업 등의 진로 운이며 丙戌년 재와 관의 십이 운성 기운은 아래와 같다.

일간 : 나	正財(정재)	正官(정관)
甲木(양)	己土(양)	辛金(대)
乙木(묘)	戊土(묘)	庚金(쇠)
丙火(묘)	辛金(대)	癸水(쇠)
丁火(양)	庚金(쇠)	壬水(대)
戊土(묘)	癸水(쇠)	乙木(묘)
己土(양)	壬水(대)	甲木(양)
庚金(쇠)	乙木(묘)	丁火(양)
辛金(대)	甲木(양)	丙火(묘)
壬水(대)	丁火(양)	己土(양)
癸水(쇠)	丙火(묘)	戊土(묘)

첫째 사주를 뽑아 놓고 사주 네 기둥 안에서 아래에 있는 글자가 들어간 곳에 표기를 하고 사주에 필요한 오행(용신)과 대운, 세수를 찾아 놓고 丁亥년 운세 풀이를 하는데, 여러 개의 살이 겹치는 곳은 더 강하게 작용한다.

丁

亥酉 : 천을귀인

午 : 건록

未 : 암록

壬 : 천간합

癸 : 천간충

未 : 양인살

丑 : 백호대살

申 : 역마살

亥

寅 : 합 木

巳 : 충, 역마살

亥 : 형, 혈인살

寅 : 파, 고진살

戌 : 해, 과숙살

辰 : 원진살

未 : 백호살, 단명살

酉 : 조객살

丑 : 상문살

申 : 화계살

대장군방 : 亥子丑 년 : 정 西방

삼살방 : 亥卯未 년 : 정 西방

삼재 : 亥子丑 년 : 巳酉丑 생

상문 : 丑 방

조객 : 酉 방

일간이 '나'이므로 일간을 기준으로 사주에서 정재와 정관을 찾
아 놓고 십이 운성의 흐름에 따라 잘되고 안되고를 본다.

財, 정재는 재물 운이고 官, 정관은 사업·명예·직업 등의 진로 운
이며 丁亥년 재와 관의 십이 운성 기운은 아래와 같다.

일간 : 나	正財(정재)	正官(정관)
甲木(생)	己土(태)	辛金(욕)
乙木(사)	戊土(절)	庚金(병)
丙火(절)	辛金(욕)	癸水(왕)
丁火(태)	庚金(병)	壬水(건)
戊土(절)	癸水(왕)	乙木(사)
己土(태)	壬水(건)	甲木(생)
庚金(병)	乙木(사)	丁火(태)
辛金(욕)	甲木(생)	丙火(절)
壬水(건)	丁火(태)	己土(태)
癸水(왕)	丙火(절)	戊土(절)

25 | 戊子년 운세 보는 법
(巳, 酉, 丑 생 : 묵는 삼재)

첫째 사주를 뽑아 놓고 사주 네 기둥 안에서 아래에 있는 글자가 들어간 곳에 표기를 하고 사주에 필요한 오행(용신)과 대운, 세수를 찾아 놓고 戊子년 운세 풀이를 하는데, 여러 개의 살이 겹치는 곳은 더 강하게 작용한다.

戊

丑未 : 천을귀인

巳 : 건록

申 : 암록, 역마살

癸 : 천간합

甲 : 천간충

午 : 양인살

辰 : 백호대살

戌 : 괴강살

子

丑 : 합 土

午 : 충

卯 : 형

酉 : 파

未 : 해, 원진살

戌 : 혈인살, 조객살

申 : 백호살

寅 : 고진살, 상문살, 역마살

辰 : 화계살

巳 : 단명살

대장군방 : 亥子丑 년 : 정 西방

삼살방 : 申子辰 년 : 정 南방

삼재 : 亥子丑 년 : 巳酉丑 생

상문 : 寅 방

조객 : 戌 방

일간이 '나'이므로 일간을 기준으로 사주에서 정재와 정관을 찾아 놓고 십이 운성의 흐름에 따라 잘되고 안되고를 본다.

財, 정재는 재물 운이고 官, 정관은 사업·명예·직업 등의 진로 운이며 戊子년 재와 관의 십이 운성 기운은 아래와 같다.

일간 : 나	正財(정재)	正官(정관)
甲木(욕)	己土(절)	辛金(생)
乙木(병)	戊土(태)	庚金(사)
丙火(태)	辛金(생)	癸水(건)
丁火(절)	庚金(사)	壬水(왕)
戊土(태)	癸水(건)	乙木(병)
己土(절)	壬水(왕)	甲木(욕)
庚金(사)	乙木(병)	丁火(절)
辛金(생)	甲木(욕)	丙火(태)
壬水(왕)	丁火(절)	己土(절)
癸水(건)	丙火(태)	戊土(태)

26 | 己丑년 운세 보는 법
(巳, 酉, 丑 생 : 나가는 삼재)

첫째 사주를 뽑아 놓고 사주 네 기둥 안에서 아래에 있는 글자가 들어간 곳에 표기를 하고 사주에 필요한 오행(용신)과 대운, 세수를 찾아 놓고 己丑년 운세 풀이를 하는데, 여러 개의 살이 겹치는 곳은 더 강하게 작용한다.

子申 : 천을귀인

午 : 건록

未 : 암록

甲 : 천간합

乙 : 천간충

未 : 양인살

申 : 역마살

丑

子 : 합 土

未 : 충

戌 : 형, 과숙살

辰 : 파

午 : 해, 원진살

酉 : 혈인살, 백호살

寅 : 고진살

亥 : 조객살, 역마살

卯 : 상문살, 화계살

巳 : 단명살

대장군방 : 亥子丑 년 : 정 西방

삼살방 : 巳酉丑 년 : 정 南방

삼재 : 亥子丑 년 : 巳酉丑 생

상문 : 卯 방

조객 : 亥 방

 일간이 '나'이므로 일간을 기준으로 사주에서 정재와 정관을 찾아 놓고 십이 운성의 흐름에 따라 잘되고 안되고를 본다.

 財, 정재는 재물 운이고 官, 정관은 사업·명예·직업 등의 진로 운이며 己丑년 재와 관의 십이 운성 기운은 아래와 같다.

일간 : 나	正財(정재)	正官(정관)
甲木(대)	己土(묘)	辛金(양)
乙木(쇠)	戊土(양)	庚金(묘)
丙火(양)	辛金(양)	癸水(대)
丁火(묘)	庚金(묘)	壬水(쇠)
戊土(양)	癸水(대)	乙木(쇠)
己土(묘)	壬水(쇠)	甲木(대)
庚金(묘)	乙木(쇠)	丁火(묘)
辛金(양)	甲木(대)	丙火(양)
壬水(쇠)	丁火(묘)	己土(묘)
癸水(대)	丙火(양)	戊土(양)

27 | 庚寅년 운세 보는 법
(申, 子, 辰 생 : 드는 삼재)

　첫째 사주를 뽑아 놓고 사주 네 기둥 안에서 아래에 있는 글자가 들어간 곳에 표기를 하고 사주에 필요한 오행(용신)과 대운, 세수를 찾아 놓고 庚寅년 운세 풀이를 하는데, 여러 개의 살이 겹치는 곳은 더 강하게 작용한다.

庚

丑未 : 천을귀인

申 : 건록

巳 : 암록

乙 : 천간합

丙 : 천간충

酉 : 양인살

辰戌 : 괴강살

亥 : 역마살

寅

亥 : 합 木

申 : 충, 혈인살, 역마살

巳 : 형, 해, 고진살

亥 : 파

酉 : 원진살

戌 : 백호살

丑 : 과숙살

子 : 조객살, 화계살

辰 : 상문살, 단명살

대상군방 : 寅卯辰 년 : 정 北방

삼살방 : 寅午戌 년 : 정 北방

삼재 : 寅卯辰 년 : 申子辰 생

상문 : 辰 방

조객 : 子 방

일간이 '나'이므로 일간을 기준으로 사주에서 정재와 정관을 찾아 놓고 십이 운성의 흐름에 따라 잘되고 안되고를 본다.

財, 정재는 재물 운이고 官, 정관은 사업·명예·직업 등의 진로 운이며 庚寅년 재와 관의 십이 운성 기운은 아래와 같다.

일간 : 나	正財(정재)	正官(정관)
甲木(건)	己土(사)	辛金(태)
乙木(왕)	戊土(생)	庚金(절)
丙火(생)	辛金(태)	癸水(욕)
丁火(사)	庚金(절)	壬水(병)
戊土(생)	癸水(욕)	乙木(왕)
己土(사)	壬水(병)	甲木(건)
庚金(절)	乙木(왕)	丁火(사)
辛金(태)	甲木(건)	丙火(생)
壬水(병)	丁火(사)	己土(사)
癸水(욕)	丙火(생)	戊土(생)

28 | 辛卯년 운세 보는 법
(申, 子, 辰 생 : 묵는 삼재)

첫째 사주를 뽑아 놓고 사주 네 기둥 안에서 아래에 있는 글자가 들어간 곳에 표기를 하고 사주에 필요한 오행(용신)과 대운, 세수를 찾아 놓고 辛卯년 운세 풀이를 하는데, 여러 개의 살이 겹치는 곳은 더 강하게 작용한다.

辛

寅午 : 천을귀인

酉 : 건록

辰 : 암록

丙 : 천간합

丁 : 천간충

戌 : 양인살

亥 : 역마살

卯

戌 : 합 火

酉 : 충

子 : 형

午 : 파

辰 : 해

申 : 원진살, 화계살

未 : 혈인살, 단명살

亥 : 백호살

巳 : 고진살, 역마살, 상문살

丑 : 과숙살, 조객살

대장군방 : 寅卯辰 년 : 정 北방

삼살방 : 亥卯未 년 : 정 西방

삼재 : 寅卯辰 년 : 申子辰 생

상문 : 巳 방

조객 : 丑 방

일간이 '나'이므로 일간을 기준으로 사주에서 정재와 정관을 찾아 놓고 십이 운성의 흐름에 따라 잘되고 안되고를 본다.

財, 정재는 재물 운이고 官, 정관은 사업·명예·직업 등의 진로 운이며 辛卯년 재와 관의 십이 운성 기운은 아래와 같다.

일간 : 나	正財(정재)	正官(정관)
甲木(왕)	己土(병)	辛金(절)
乙木(건)	戊土(욕)	庚金(태)
丙火(욕)	辛金(절)	癸水(생)
丁火(병)	庚金(태)	壬水(사)
戊土(욕)	癸水(생)	乙木(건)
己土(병)	壬水(사)	甲木(왕)
庚金(태)	乙木(건)	丁火(병)
辛金(절)	甲木(왕)	丙火(욕)
壬水(사)	丁火(병)	己土(병)
癸水(생)	丙火(욕)	戊土(욕)

첫째 사주를 뽑아 놓고 사주 네 기둥 안에서 아래에 있는 글자가 들어간 곳에 표기를 하고 사주에 필요한 오행(용신)과 대운, 세수를 찾아 놓고 壬辰년 운세 풀이를 하는데, 여러 개의 살이 겹치는 곳은 더 강하게 작용한다.

壬

巳卯 : 천을귀인

亥 : 건록

寅 : 암록

丁 : 천간합

戊 : 천간충

子辰 : 양인살

戌 : 백호대살

辰戌 : 괴강살

寅 : 역마살

辰

酉 : 합 金

戌 : 충

辰 : 형, 화계살

丑 : 파, 과숙살

卯 : 해

亥 : 원진살

午 : 혈인살, 상문살

子 : 백호살

巳 : 고진살, 단명살

寅 : 조객살, 역마살

대장군방 : 寅卯辰 년 : 정 北방

삼살방 : 申子辰 년 : 정 南방

삼재 : 寅卯辰 년 : 申子辰 생

상문 : 午 방

조객 : 寅 방

일간이 '나'이므로 일간을 기준으로 사주에서 정재와 정관을 찾아 놓고 십이 운성의 흐름에 따라 잘되고 안되고를 본다.

財, 정재는 재물 운이고 官, 정관은 사업·명예·직업 등의 진로 운이며 壬辰년 재와 관의 십이 운성 기운은 아래와 같다.

일간 : 나	正財(정재)	正官(정관)
甲木(쇠)	己土(쇠)	辛金(묘)
乙木(대)	戊土(대)	庚金(양)
丙火(대)	辛金(묘)	癸水(양)
丁火(쇠)	庚金(양)	壬水(묘)
戊土(대)	癸水(양)	乙木(대)
己土(쇠)	壬水(묘)	甲木(쇠)
庚金(양)	乙木(대)	丁火(쇠)
辛金(묘)	甲木(쇠)	丙火(대)
壬水(묘)	丁火(쇠)	己土(쇠)
癸水(양)	丙火(대)	戊土(대)

첫째 사주를 뽑아 놓고 사주 네 기둥 안에서 아래에 있는 글자가 들어간 곳에 표기를 하고 사주에 필요한 오행(용신)과 대운, 세수를 찾아 놓고 癸巳년 운세 풀이를 하는데, 여러 개의 살이 겹치는 곳은 더 강하게 작용한다.

巳卯 : 천을귀인

子 : 건록

丑 : 암록

戊 : 천간합

己 : 천간충

丑 : 양인살

丑 : 백호대살

寅 : 역마살

巳

申 : 합 水

亥 : 충, 역마살

申 : 형, 파, 고진살

寅 : 해, 단명살

戌 : 원진살

巳 : 혈인살

丑 : 백호살

辰 : 과숙살

卯 : 조객살, 화계살

未 : 상문살

대장군방 : 巳午未 년 : 정 東방

삼살방 : 巳酉丑 년 : 정 東방

삼재 : 巳午未 년 : 亥卯未 생

상문 : 未 방

조객 : 卯 방

癸巳년 財와 官운 보는 법

　일간이 '나'이므로 일간을 기준으로 사주에서 정재와 정관을 찾아 놓고 십이 운성의 흐름에 따라 잘되고 안되고를 본다.

　財, 정재는 재물 운이고 官, 정관은 사업·명예·직업 등의 진로 운이며 癸巳년 재와 관의 십이 운성 기운은 아래와 같다.

일간 : 나	正財(정재)	正官(정관)
甲木(병)	己土(왕)	辛金(사)
乙木(욕)	戊土(건)	庚金(생)
丙火(건)	辛金(사)	癸水(태)
丁火(왕)	庚金(생)	壬水(절)
戊土(긴)	癸水(대)	乙木(욕)
己土(왕)	壬水(절)	甲木(병)
庚金(생)	乙木(욕)	丁火(왕)
辛金(사)	甲木(병)	丙火(건)
壬水(절)	丁火(왕)	己土(왕)
癸水(태)	丙火(건)	戊土(건)

31 │ 甲午년 운세 보는 법
(亥, 卯, 未 생 : 묵는 삼재)

　첫째 사주를 뽑아 놓고 사주 네 기둥 안에서 아래에 있는 글자가 들어간 곳에 표기를 하고 사주에 필요한 오행(용신)과 대운, 세수를 찾아 놓고 甲午년 운세 풀이를 하는데, 여러 개의 살이 겹치는 곳은 더 강하게 작용한다.

甲

丑未 : 천을귀인

寅 : 건록

亥 : 암록

己 : 천간합

庚 : 천간충

卯 : 양인살

辰 : 백호대살

巳 : 역마살

午

未 : 합 無

子 : 충

午 : 형

卯 : 파

丑 : 해, 원진살

辰 : 혈인살, 과숙살, 단명살

寅 : 백호살

申 : 고진살, 상문살, 역마살

辰 : 조객살

子 : 화계살

대장군방 : 巳午未 년 : 정 東방

삼살방 : 寅午戌 년 : 정 北방

삼재 : 巳午未 년 : 亥卯未 생

상문 : 申 방

조객 : 辰 방

일간이 '나'이므로 일간을 기준으로 사주에서 정재와 정관을 찾아 놓고 십이 운성의 흐름에 따라 잘되고 안되고를 본다.

財, 정재는 재물 운이고 官, 정관은 사업·명예·직업 등의 진로 운이며 甲午년 재와 관의 십이 운성 기운은 아래와 같다.

일간 : 나	正財(정재)	正官(정관)
甲木(사)	己土(건)	辛金(병)
乙木(생)	戊土(왕)	庚金(욕)
丙火(왕)	辛金(병)	癸水(절)
丁火(건)	庚金(욕)	壬水(태)
戊土(왕)	癸水(절)	乙木(생)
己土(건)	壬水(태)	甲木(사)
庚金(욕)	乙木(생)	丁火(건)
辛金(병)	甲木(사)	丙火(왕)
壬水(태)	丁火(건)	己土(건)
癸水(절)	丙火(왕)	戊土(왕)

32 | 乙未년 운세 보는 법
(亥, 卯, 未 생 : 나가는 삼재)

첫째 사주를 뽑아 놓고 사주 네 기둥 안에서 아래에 있는 글자
가 들어간 곳에 표기를 하고 사주에 필요한 오행(용신)과 대운, 세
수를 찾아 놓고 乙未년 운세 풀이를 하는데, 여러 개의 살이 겹치
는 곳은 더 강하게 작용한다.

乙

子申 : 천을귀인

卯 : 건록

戌 : 암록

庚 : 천간합

辛 : 천간충

辰 : 양인살

未 : 백호대살

巳 : 역마살

未

午 : 합 無

丑 : 충, 형

戌 : 파

子 : 해, 원진살

卯 : 혈인살, 백호살

申 : 고진살, 화개살

辰 : 과숙살

巳 : 조객살, 역마살

酉 : 상문살

未 : 단명살

대장군방 : 巳午未 년 : 정 東방

삼살방 : 亥卯未 년 : 정 西방

삼재 : 巳午未 년 : 亥卯未 생

상문 : 酉 방

조객 : 巳 방

일간이 '나'이므로 일간을 기준으로 사주에서 정재와 정관을 찾아 놓고 십이 운성의 흐름에 따라 잘되고 안되고를 본다.

財, 정재는 재물 운이고 官, 정관은 사업·명예·직업 등의 진로 운이며 乙未년 재와 관의 십이 운성 기운은 아래와 같다.

일간 : 나	正財(정재)	正官(정관)
甲木(묘)	己土(대)	辛金(쇠)
乙木(양)	戊土(쇠)	庚金(대)
丙火(쇠)	辛金(쇠)	癸水(묘)
丁火(대)	庚金(대)	壬水(양)
戊土(쇠)	癸水(묘)	乙木(양)
己土(대)	壬水(양)	甲木(묘)
庚金(대)	乙木(양)	丁火(대)
辛金(쇠)	甲木(묘)	丙火(쇠)
壬水(양)	丁火(대)	己土(대)
癸水(묘)	丙火(쇠)	戊土(쇠)

33 | 丙申년 운세 보는 법
(寅, 午, 戌 생 : 드는 삼재)

첫째 사주를 뽑아 놓고 사주 네 기둥 안에서 아래에 있는 글자가 들어간 곳에 표기를 하고 사주에 필요한 오행(용신)과 대운, 세수를 찾아 놓고 丙申년 운세 풀이를 하는데, 여러 개의 살이 겹치는 곳은 더 강하게 작용한다.

丙

亥酉 : 천을귀인

巳 : 건록

申 : 암록

辛 : 천간합

壬 : 천간충

戌 : 백호대살

申 : 역마살

申

巳 : 합 水

寅 : 충, 형

巳 : 파, 단명살

亥 : 해

卯 : 원진살

寅 : 혈인살, 역마살

辰 : 백호살, 화계살

未 : 과숙살

午 : 조객살

戌 : 상문살

대장군방 : 申酉戌 년 : 정 南방

삼살방 : 申子辰 년 : 정 南방

삼재 : 申酉戌 년 : 寅午戌 생

상문 : 戌 방

조객 : 午 방

　일간이 '나'이므로 일간을 기준으로 사주에서 정재와 정관을 찾아 놓고 십이 운성의 흐름에 따라 잘되고 안되고를 본다.

　財, 정재는 재물 운이고 官, 정관은 사업·명예·직업 등의 진로 운이며 丙申년 재와 관의 십이 운성 기운은 아래와 같다.

일간 : 나	正財(정재)	正官(정관)
甲木(절)	己土(욕)	辛金(왕)
乙木(태)	戊土(병)	庚金(건)
丙火(병)	辛金(왕)	癸水(사)
丁火(욕)	庚金(건)	壬水(생)
戊土(병)	癸水(사)	乙木(태)
己土(욕)	壬水(생)	甲木(절)
庚金(건)	乙木(태)	丁火(욕)
辛金(왕)	甲木(절)	丙火(병)
壬水(생)	丁火(욕)	己土(욕)
癸水(사)	丙火(병)	戊土(병)

34 | 丁酉년 운세 보는 법
(寅, 午, 戌 생 : 묵는 삼재)

첫째 사주를 뽑아 놓고 사주 네 기둥 안에서 아래에 있는 글자가 들어간 곳에 표기를 하고 사주에 필요한 오행(용신)과 대운, 세수를 찾아 놓고 丁酉년 운세 풀이를 하는데, 여러 개의 살이 겹치는 곳은 더 강하게 작용한다.

丁

亥酉 : 천을귀인

午 : 건록

未 : 암록

壬 : 천간합

癸 : 천간충

未 : 양인살

丑 : 백호대살

申 : 역마살

酉

辰 : 합 金

卯 : 충, 화계살

酉 : 형

子 : 파

戌 : 해

寅 : 원진살, 단명살

丑 : 혈인살

巳 : 백호살

亥 : 고진살, 상문살, 역마살

未 : 과숙살

申 : 조객살

대장군방 : 申酉戌 년 : 정 南방

삼살방 : 巳酉丑 년 : 정 東방

삼재 : 申酉戌 년 : 寅午戌 생

상문 : 亥 방

조객 : 申 방

일간이 '나'이므로 일간을 기준으로 사주에서 정재와 정관을 찾아 놓고 십이 운성의 흐름에 따라 잘되고 안되고를 본다.

財, 정재는 재물 운이고 官, 정관은 사업·명예·직업 등의 진로 운이며 丁酉년 재와 관의 십이 운성 기운은 아래와 같다.

일간 : 나	正財(정재)	正官(정관)
甲木(태)	己土(생)	辛金(건)
乙木(절)	戊土(사)	庚金(왕)
丙火(사)	辛金(건)	癸水(병)
丁火(생)	庚金(왕)	壬水(욕)
戊土(사)	癸水(병)	乙木(절)
己土(생)	壬水(욕)	甲木(태)
庚金(왕)	乙木(절)	丁火(생)
辛金(건)	甲木(태)	丙火(사)
壬水(욕)	丁火(생)	己土(생)
癸水(병)	丙火(사)	戊土(사)

35 | 戊戌년 운세 보는 법
(寅, 午, 戌 생 : 나가는 삼재)

첫째 사주를 뽑아 놓고 사주 네 기둥 안에서 아래에 있는 글자가 들어간 곳에 표기를 하고 사주에 필요한 오행(용신)과 대운, 세수를 찾아 놓고 戊戌년 운세 풀이를 하는데, 여러 개의 살이 겹치는 곳은 더 강하게 작용한다.

戊

丑未 : 천을귀인

巳 : 건록

申 : 암록

癸 : 천간합

甲 : 천간충

午 : 양인살

辰 : 백호대살

戌 : 괴강살

申 : 역마살

戌

卯 : 합 火

辰 : 충, 단명살

未 : 형, 파, 과숙살

酉 : 해

巳 : 원진살

子 : 혈인살, 상문살, 화계살

午 : 백호살

亥 : 고진살

申 : 조객살, 역마살

대장군방 : 申酉戌 넌 : 정 南방

삼살방 : 寅午戌 년 : 정 北방

삼재 : 申酉戌 년 : 寅午戌 생

상문 : 子 방

조객 : 申 방

戊戌년 財와 官운 보는 법 🀄🀄🀄🀄🀄🀄🀄🀄🀄🀄

　일간이 '나'이므로 일간을 기준으로 사주에서 정재와 정관을 찾아 놓고 십이 운성의 흐름에 따라 잘되고 안되고를 본다.

　財, 정재는 재물 운이고 官, 정관은 사업·명예·직업 등의 진로 운이며 戊戌년 재와 관의 십이 운성 기운은 아래와 같다.

일간 : 나	正財(정재)	正官(정관)
甲木(양)	己土(양)	辛金(대)
乙木(묘)	戊土(묘)	庚金(쇠)
丙火(묘)	辛金(대)	癸水(쇠)
丁火(양)	庚金(쇠)	壬水(대)
戊土(묘)	癸水(쇠)	乙木(묘)
己土(양)	壬水(대)	甲木(양)
庚金(쇠)	乙木(묘)	丁火(양)
辛金(대)	甲木(양)	丙火(묘)
壬水(대)	丁火(양)	己土(양)
癸水(쇠)	丙火(묘)	戊土(묘)

첫째 사주를 뽑아 놓고 사주 네 기둥 안에서 아래에 있는 글자가 들어간 곳에 표기를 하고 사주에 필요한 오행(용신)과 대운, 세수를 찾아 놓고 己亥년 운세 풀이를 하는데, 여러 개의 살이 겹치는 곳은 더 강하게 작용한다.

子申 : 천을귀인

午 : 건록

未 : 암록

甲 : 천간합

乙 : 천간충

未 : 양인살

申 : 역마살

亥

寅 : 합 木

巳 : 충, 역마살

亥 : 형, 혈인살

寅 : 파, 고진살

戌 : 해, 과숙살

辰 : 원진살

未 : 백호살, 단명살

酉 : 조객살

丑 : 상문살

申 : 화계살

대장군방 : 亥子丑 년 : 정 西방

삼살방 : 亥卯未 년 : 정 西방

삼재 : 亥子丑 년 : 巳酉丑 생

상문 : 丑 방

조객 : 酉 방

일간이 '나'이므로 일간을 기준으로 사주에서 정재와 정관을 찾아 놓고 십이 운성의 흐름에 따라 잘되고 안되고를 본다.

財, 정재는 재물 운이고 官, 정관은 사업·명예·직업 등의 진로 운이며 己亥년 재와 관의 십이 운성 기운은 아래와 같다.

일간 : 나	正財(정재)	正官(정관)
甲木(생)	己土(태)	辛金(욕)
乙木(사)	戊土(절)	庚金(병)
丙火(절)	辛金(욕)	癸水(왕)
丁火(태)	庚金(병)	壬水(건)
戊土(절)	癸水(왕)	乙木(사)
己土(태)	壬水(건)	甲木(생)
庚金(병)	乙木(사)	丁火(태)
辛金(욕)	甲木(생)	丙火(절)
壬水(건)	丁火(태)	己土(태)
癸水(왕)	丙火(절)	戊土(절)

37 | 庚子년 운세 보는 법
(巳, 酉, 丑 생 : 묵는 삼재)

첫째 사주를 뽑아 놓고 사주 네 기둥 안에서 아래에 있는 글자가 들어간 곳에 표기를 하고 사주에 필요한 오행(용신)과 대운, 세수를 찾아 놓고 庚子년 운세 풀이를 하는데, 여러 개의 살이 겹치는 곳은 더 강하게 작용한다.

庚

丑未 : 천을귀인

申 : 건록

巳 : 암록

乙 : 천간합

丙 : 천간충

酉 : 양인살

辰戌 : 괴강살

亥 : 역마살

子

丑 : 합 土

午 : 충

卯 : 형

酉 : 파

未 : 해, 원진살

戌 : 혈인살, 과숙살, 조객살

申 : 백호살

寅 : 고진살, 상문살, 역마살

辰 : 화계살

巳 : 단명살

대장군방 : 亥子丑 년 : 정 西방

삼살방 : 申子辰 년 : 정 南방

삼재 : 亥子丑 년 : 巳酉丑 생

상문 : 寅 방

조객 : 戌 방

庚子년 財와 官운 보는 법

일간이 '나'이므로 일간을 기준으로 사주에서 정재와 정관을 찾아 놓고 십이 운성의 흐름에 따라 잘되고 안되고를 본다.

財, 정재는 재물 운이고 官, 정관은 사업·명예·직업 등의 진로 운이며 庚子년 재와 관의 십이 운성 기운은 아래와 같다.

일간 : 나	正財(정재)	正官(정관)
甲木(욕)	己土(절)	辛金(생)
乙木(병)	戊土(태)	庚金(사)
丙火(태)	辛金(생)	癸水(건)
丁火(절)	庚金(사)	壬水(왕)
戊土(태)	癸水(건)	乙木(병)
己土(절)	壬水(왕)	甲木(욕)
庚金(사)	乙木(병)	丁火(절)
辛金(생)	甲木(욕)	丙火(태)
壬水(왕)	丁火(절)	己土(절)
癸水(건)	丙火(태)	戊土(태)

38 | 辛丑년 운세 보는 법
(巳, 酉, 丑 생 : 나가는 삼재)

첫째 사주를 뽑아 놓고 사주 네 기둥 안에서 아래에 있는 글자가 들어간 곳에 표기를 하고 사주에 필요한 오행(용신)과 대운, 세수를 찾아 놓고 辛丑년 운세 풀이를 하는데, 여러 개의 살이 겹치는 곳은 더 강하게 작용한다.

辛

寅午 : 천을귀인

酉 : 건록

辰 : 암록

丙 : 천간합

丁 : 천간충

戌 : 양인살

亥 : 역마살

丑

子 : 합 土

未 : 충

戌 : 형, 과숙살

辰 : 파

午 : 해, 원진살

酉 : 혈인살, 백호살

寅 : 고진살, 단명살

亥 : 조객살, 역마살

卯 : 상문살, 화계살

대장군방 : 亥子丑 년 : 정 西방

삼살방 : 巳酉丑 년 : 정 東방

삼재 : 亥子丑 년 : 巳酉丑 생

상문 : 卯 방

조객 : 亥 방

일간이 '나'이므로 일간을 기준으로 사주에서 정재와 정관을 찾아 놓고 십이 운성의 흐름에 따라 잘되고 안되고를 본다.

財, 정재는 재물 운이고 官, 정관은 사업·명예·직업 등의 진로 운이며 辛丑년 재와 관의 십이 운성 기운은 아래와 같다.

일간 : 나	正財(정재)	正官(정관)
甲木(대)	己土(묘)	辛金(양)
乙木(쇠)	戊土(양)	庚金(묘)
丙火(양)	辛金(양)	癸水(대)
丁火(묘)	庚金(묘)	壬水(쇠)
戊土(양)	癸水(대)	乙木(쇠)
己土(묘)	壬水(쇠)	甲木(대)
庚金(묘)	乙木(쇠)	丁火(묘)
辛金(양)	甲木(대)	丙火(양)
壬水(쇠)	丁火(묘)	己土(묘)
癸水(대)	丙火(양)	戊土(양)

39 | 壬寅년 운세 보는 법
(申, 子, 辰 생 : 드는 삼재)

첫째 사주를 뽑아 놓고 사주 네 기둥 안에서 아래에 있는 글자가 들어간 곳에 표기를 하고 사주에 필요한 오행(용신)과 대운, 세수를 찾아 놓고 壬寅년 운세 풀이를 하는데, 여러 개의 살이 겹치는 곳은 더 강하게 작용한다.

壬

巳卯 : 천을귀인

亥 : 건록

寅 : 암록

丁 : 천간합

戊 : 천간충

子辰 : 양인살

戌 : 백호대살

寅 : 역마살

寅

亥 : 합 木

申 : 충

巳 : 형, 해

亥 : 파

酉 : 원진살

申 : 혈인살, 역마살

戌 : 백호살

丑 : 과숙살

子 : 조객살, 화계살

辰 : 상문살, 단명살

대장군방 : 寅卯辰 년 : 정 北방

삼살방 : 寅午戌 년 : 정 北방

삼재 : 寅卯辰 년 : 申子辰 생

상문 : 辰 방

조객 : 子 방

일간이 '나'이므로 일간을 기준으로 사주에서 정재와 정관을 찾아 놓고 십이 운성의 흐름에 따라 잘되고 안되고를 본다.

財, 정재는 재물 운이고 官, 정관은 사업·명예·직업 등의 진로 운이며 壬寅년 재와 관의 십이 운성 기운은 아래와 같다.

일간 : 나	正財(정재)	正官(정관)
甲木(건)	己土(사)	辛金(태)
乙木(왕)	戊土(생)	庚金(절)
丙火(생)	辛金(태)	癸水(욕)
丁火(사)	庚金(절)	壬水(병)
戊土(생)	癸水(욕)	乙木(왕)
己土(사)	壬水(병)	甲木(건)
庚金(절)	乙木(왕)	丁火(사)
辛金(태)	甲木(건)	丙火(생)
壬水(병)	丁火(사)	己土(사)
癸水(욕)	丙火(생)	戊土(생)

40 │ 癸卯년 운세 보는 법
(申, 子, 辰 생 : 묵는 삼재)

첫째 사주를 뽑아 놓고 사주 네 기둥 안에서 아래에 있는 글자가 들어간 곳에 표기를 하고 사주에 필요한 오행(용신)과 대운, 세수를 찾아 놓고 癸卯년 운세 풀이를 하는데, 여러 개의 살이 겹치는 곳은 더 강하게 작용한다.

巳卯 : 천을귀인

子 : 건록

丑 : 암록

戊 : 천간합

己 : 천간충

丑 : 양인살

丑 : 백호대살

寅 : 역마살

卯

戌 : 합 火

酉 : 충

子 : 형

午 : 파

辰 : 해

申 : 원진살, 화계살

未 : 혈인살, 단명살

亥 : 백호살

巳 : 고진살, 상문살, 역마살

丑 : 조객살, 과숙살

대장군방 : 寅卯辰 년 : 정 北방

삼살방 : 亥卯未 년 : 정 西방

삼재 : 寅卯辰 년 : 申子辰 생

상문 : 巳 방

조객 : 丑 방

일간이 '나'이므로 일간을 기준으로 사주에서 정재와 정관을 찾
아 놓고 십이 운성의 흐름에 따라 잘되고 안되고를 본다.

財, 정재는 재물 운이고 官, 정관은 사업·명예·직업 등의 진로 운
이며 癸卯년 재와 관의 십이 운성 기운은 아래와 같다.

일간 : 나	正財(정재)	正官(정관)
甲木(왕)	己土(병)	辛金(절)
乙木(건)	戊土(욕)	庚金(태)
丙火(욕)	辛金(절)	癸水(생)
丁火(병)	庚金(태)	壬水(사)
戊土(욕)	癸水(생)	乙木(건)
己土(병)	壬水(사)	甲木(왕)
庚金(태)	乙木(건)	丁火(병)
辛金(절)	甲木(왕)	丙火(욕)
壬水(사)	丁火(병)	己土(병)
癸水(생)	丙火(욕)	戊土(욕)

41 │ 甲辰년 운세 보는 법
(申, 子, 辰 생 : 나가는 삼재)

첫째 사주를 뽑아 놓고 사주 네 기둥 안에서 아래에 있는 글자가 들어간 곳에 표기를 하고 사주에 필요한 오행(용신)과 대운, 세수를 찾아 놓고 甲辰년 운세 풀이를 하는데, 여러 개의 살이 겹치는 곳은 더 강하게 작용한다.

丑未 : 천을귀인

寅 : 건록

亥 : 암록

己 : 천간합

庚 : 천간충

卯 : 양인살

辰 : 백호대살

巳 : 역마살

辰

酉 : 합 金

戌 : 충

辰 : 형, 화계살

丑 : 파, 과숙살

卯 : 해

亥 : 원진살

午 : 혈인살, 상문살

子 : 백호살

巳 : 고진살, 단명살

寅 : 조객살, 역마살

대장군방 : 寅卯辰 년 : 정 北방

삼살방 : 申子辰 년 : 정 南방

삼재 : 寅卯辰 년 : 申子辰 생

상문 : 午 방

조객 : 寅 방

한눈에 쉽게 보는 60년 운세

일간이 '나'이므로 일간을 기준으로 사주에서 정재와 정관을 찾아 놓고 십이 운성의 흐름에 따라 잘되고 안되고를 본다.

財, 정재는 재물 운이고 官, 정관은 사업·명예·직업 등의 진로 운이며 甲辰년 재와 관의 십이 운성 기운은 아래와 같다.

일간 : 나	正財(정재)	正官(정관)
甲木(쇠)	己土(쇠)	辛金(묘)
乙木(대)	戊土(대)	庚金(양)
丙火(대)	辛金(묘)	癸水(양)
丁火(쇠)	庚金(양)	壬水(묘)
戊土(대)	癸水(양)	乙木(대)
己土(쇠)	壬水(묘)	甲木(쇠)
庚金(양)	乙木(대)	丁火(쇠)
辛金(묘)	甲木(쇠)	丙火(대)
壬水(묘)	丁火(쇠)	己土(쇠)
癸水(양)	丙火(대)	戊土(대)

첫째 사주를 뽑아 놓고 사주 네 기둥 안에서 아래에 있는 글자가 들어간 곳에 표기를 하고 사주에 필요한 오행(용신)과 대운, 세수를 찾아 놓고 乙巳년 운세 풀이를 하는데, 여러 개의 살이 겹치는 곳은 더 강하게 작용한다.

子申 : 천을귀인

卯 : 건록

戌 : 암록

庚 : 천간합

辛 : 천간충

辰 : 양인살

未 : 백호대살

巳 : 역마살

巳

申 : 합 水

亥 : 충, 역마살

申 : 형, 파

寅 : 해, 단명살

戌 : 원진살

巳 : 혈인살

丑 : 백호살

辰 : 과숙살

卯 : 조객살, 화계살

未 : 상문살

대장군방 : 巳午未 년 : 정 東방

삼살방 : 巳酉丑 년 : 정 東방

삼재 : 巳午未 년 : 亥卯未 생

상문 : 未 방

조객 : 卯 방

일간이 '나'이므로 일간을 기준으로 사주에서 정재와 정관을 찾아 놓고 십이 운성의 흐름에 따라 잘되고 안되고를 본다.

財, 정재는 재물 운이고 官, 정관은 사업·명예·직업 등의 진로 운이며 乙巳년 재와 관의 십이 운성 기운은 아래와 같다.

일간 : 나	正財(정재)	正官(정관)
甲木(병)	己土(왕)	辛金(사)
乙木(욕)	戊土(건)	庚金(생)
丙火(건)	辛金(사)	癸水(태)
丁火(왕)	庚金(생)	壬水(절)
戊土(건)	癸水(태)	乙木(욕)
己土(왕)	壬水(절)	甲木(병)
庚金(생)	乙木(욕)	丁火(왕)
辛金(사)	甲木(병)	丙火(건)
壬水(절)	丁火(왕)	己土(왕)
癸水(태)	丙火(건)	戊土(건)

43 | 丙午년 운세 보는 법
(亥, 卯, 未 생 : 묵는 삼재)

첫째 사주를 뽑아 놓고 사주 네 기둥 안에서 아래에 있는 글자가 들어간 곳에 표기를 하고 사주에 필요한 오행(용신)과 대운, 세수를 찾아 놓고 丙午년 운세 풀이를 하는데, 여러 개의 살이 겹치는 곳은 더 강하게 작용한다.

丙

亥酉 : 천을귀인

巳 : 건록

申 : 암록

辛 : 천간합

壬 : 천간충

午 : 양인살

戌 : 백호대살

申 : 역마살

午

未 : 합 無

子 : 충

午 : 형

卯 : 파

丑 : 해, 원진살

辰 : 혈인살, 과숙살

寅 : 백호살

申 : 고진살, 상문살, 역마살

子 : 화계살

辰 : 조객살, 단명살

대장군방 : 巳午未 년 : 정 東방

삼살방 : 寅午戌 년 : 정 北방

삼재 : 巳午未 년 : 亥卯未 생

상문 : 申 방

조객 : 辰 방

일간이 '나'이므로 일간을 기준으로 사주에서 정재와 정관을 찾
아 놓고 십이 운성의 흐름에 따라 잘되고 안되고를 본다.

財, 정재는 재물 운이고 官, 정관은 사업·명예·직업 등의 진로 운
이며 丙午년 재와 관의 십이 운성 기운은 아래와 같다.

일간 : 나	正財(정재)	正官(정관)
甲木(사)	己土(건)	辛金(병)
乙木(생)	戊土(왕)	庚金(욕)
丙火(왕)	辛金(병)	癸水(절)
丁火(건)	庚金(욕)	壬水(태)
戊土(왕)	癸水(절)	乙木(생)
己土(건)	壬水(태)	甲木(사)
庚金(욕)	乙木(생)	丁火(건)
辛金(병)	甲木(사)	丙火(왕)
壬水(태)	丁火(건)	己土(건)
癸水(절)	丙火(왕)	戊土(왕)

첫째 사주를 뽑아 놓고 사주 네 기둥 안에서 아래에 있는 글자가 들어간 곳에 표기를 하고 사주에 필요한 오행(용신)과 대운, 세수를 찾아 놓고 丁未 년 운세 풀이를 하는데, 여러 개의 살이 겹치는 곳은 더 강하게 작용한다.

丁

亥酉 : 천을귀인

午 : 건록

未 : 암록

壬 : 천간합

癸 : 천간충

未 : 양인살

丑 : 백호대살

申 : 역마살

未

午 : 합 無

丑 : 충, 형

戌 : 파

子 : 해, 원진살

卯 : 혈인살, 백호살

申 : 고진살, 화계살

辰 : 과숙살

巳 : 조객살, 역마살

酉 : 상문살

未 : 단명살

대장군방 : 巳午未 년 : 정 東방

삼살방 : 亥卯未 년 : 정 西방

삼재 : 巳午未 년 : 亥卯未 생

상문 : 酉 방

조객 : 巳 방

일간이 '나'이므로 일간을 기준으로 사주에서 정재와 정관을 찾아 놓고 십이 운성의 흐름에 따라 잘되고 안되고를 본다.

財, 정재는 재물 운이고 官, 정관은 사업·명예·직업 등의 진로 운이며 丁未년 재와 관의 십이 운성 기운은 아래와 같다.

일간 : 나	正財(정재)	正官(정관)
甲木(묘)	己土(대)	辛金(쇠)
乙木(양)	戊土(쇠)	庚金(대)
丙火(쇠)	辛金(쇠)	癸水(묘)
丁火(대)	庚金(대)	壬水(양)
戊土(쇠)	癸水(묘)	乙木(양)
己土(대)	壬水(양)	甲木(묘)
庚金(대)	乙木(양)	丁火(대)
辛金(쇠)	甲木(묘)	丙火(쇠)
壬水(양)	丁火(대)	己土(대)
癸水(묘)	丙火(쇠)	戊土(쇠)

45 | 戊申년 운세 보는 법
(寅, 午, 戌 생 : 드는 삼재)

첫째 사주를 뽑아 놓고 사주 네 기둥 안에서 아래에 있는 글자가 들어간 곳에 표기를 하고 사주에 필요한 오행(용신)과 대운, 세수를 찾아 놓고 戊申년 운세 풀이를 하는데, 여러 개의 살이 겹치는 곳은 더 강하게 작용한다.

戊

丑未 : 천을귀인

巳 : 건록

申 : 암록

癸 : 천간합

甲 : 천간충

午 : 양인살

辰 : 백호대살

戌 : 괴강살

申 : 역마살

申

巳 : 합 水

寅 : 충, 형

巳 : 파, 단명살

亥 : 해, 고진살

卯 : 원진살

寅 : 혈인살, 역마살

辰 : 백호살, 화계살

未 : 과숙살

午 : 조객살

戌 : 상문살

대장군방 : 申酉戌 년 : 정 南방

삼살방 : 申子辰 년 : 정 南방

삼재 : 申酉戌 년 : 寅午戌 생

상문 : 戌 방

조객 : 午 방

일간이 '나'이므로 일간을 기준으로 사주에서 정재와 정관을 찾아 놓고 십이 운성의 흐름에 따라 잘되고 안되고를 본다.

財, 정재는 재물 운이고 官, 정관은 사업·명예·직업 등의 진로 운이며 戊申년 재와 관의 십이 운성 기운은 아래와 같다.

일간 : 나	正財(정재)	正官(정관)
甲木(절)	己土(욕)	辛金(왕)
乙木(태)	戊土(병)	庚金(건)
丙火(병)	辛金(왕)	癸水(사)
丁火(욕)	庚金(건)	壬水(생)
戊土(병)	癸水(사)	乙木(태)
己土(욕)	壬水(생)	甲木(절)
庚金(건)	乙木(태)	丁火(욕)
辛金(왕)	甲木(절)	丙火(병)
壬水(생)	丁火(욕)	己土(욕)
癸水(사)	丙火(병)	戊土(병)

46 | 己酉년 운세 보는 법
(寅, 午, 戌 생 : 묵는 삼재)

첫째 사주를 뽑아 놓고 사주 네 기둥 안에서 아래에 있는 글자가 들어간 곳에 표기를 하고 사주에 필요한 오행(용신)과 대운, 세수를 찾아 놓고 己酉년 운세 풀이를 하는데, 여러 개의 살이 겹치는 곳은 더 강하게 작용한다.

子申 : 천을귀인

午 : 건록

未 : 암록

甲 : 천간합

乙 : 천간충

未 : 양인살

申 : 역마살

卯酉 : 신진살

한눈에 쉽게 보는 60년 운세

酉

辰 : 합 金

卯 : 충, 화계살

酉 : 형

子 : 파

戌 : 해

寅 : 원진살, 단명살

丑 : 혈인살

巳 : 백호살

亥 : 고진살, 상문살, 역마살

未 : 과숙살

申 : 조객살

대장군방 : 申酉戌 년 : 정 南방

삼살방 : 巳酉丑 년 : 정 東방

삼재 : 申酉戌 년 : 寅午戌 생

상문 : 亥 방

조객 : 申 방

일간이 '나'이므로 일간을 기준으로 사주에서 정재와 정관을 찾아 놓고 십이 운성의 흐름에 따라 잘되고 안되고를 본다.

財, 정재는 재물 운이고 官, 정관은 사업·명예·직업 등의 진로 운이며 己酉년 재와 관의 십이 운성 기운은 아래와 같다.

일간 : 나	正財(정재)	正官(정관)
甲木(태)	己土(생)	辛金(건)
乙木(절)	戊土(사)	庚金(왕)
丙火(사)	辛金(건)	癸水(병)
丁火(생)	庚金(왕)	壬水(욕)
戊土(사)	癸水(병)	乙木(절)
己土(생)	壬水(욕)	甲木(태)
庚金(왕)	乙木(절)	丁火(생)
辛金(건)	甲木(태)	丙火(사)
壬水(욕)	丁火(생)	己土(생)
癸水(병)	丙火(사)	戊土(사)

47 │ 庚戌년 운세 보는 법
(寅, 午, 戌 생 : 나가는 삼재)

첫째 사주를 뽑아 놓고 사주 네 기둥 안에서 아래에 있는 글자가 들어간 곳에 표기를 하고 사주에 필요한 오행(용신)과 대운, 세수를 찾아 놓고 庚戌년 운세 풀이를 하는데, 여러 개의 살이 겹치는 곳은 더 강하게 작용한다.

庚

丑未 : 천을귀인

申 : 건록

巳 : 암록

乙 : 천간합

丙 : 천간충

酉 : 양인살

辰戌 : 괴강살

亥 : 역마살

戌

卯 : 합 火

辰 : 충

未 : 형, 파, 과숙살

酉 : 해

巳 : 원진살

子 : 혈인살, 상문살, 화계살

午 : 백호살

亥 : 고진살

申 : 조객살, 역마살

辰 : 상문살

대장군방 : 申酉戌 년 : 정 南방

삼살방 : 寅午戌 년 : 정 北방

삼재 : 申酉戌 년 : 寅午戌 생

상문 : 辰 방

조객 : 申 방

　　일간이 '나'이므로 일간을 기준으로 사주에서 정재와 정관을 찾아 놓고 십이 운성의 흐름에 따라 잘되고 안되고를 본다.

　　財, 정재는 재물 운이고 官, 정관은 사업·명예·직업 등의 진로 운이며 庚戌년 재와 관의 십이 운성 기운은 아래와 같다.

일간 : 나	正財(정재)	正官(정관)
甲木(양)	己土(양)	辛金(대)
乙木(묘)	戊土(묘)	庚金(쇠)
丙火(묘)	辛金(대)	癸水(쇠)
丁火(양)	庚金(쇠)	壬水(대)
戊土(묘)	癸水(쇠)	乙木(묘)
己土(양)	壬水(대)	甲木(양)
庚金(쇠)	乙木(묘)	丁火(양)
辛金(대)	甲木(양)	丙火(묘)
壬水(대)	丁火(양)	己土(양)
癸水(쇠)	丙火(묘)	戊土(묘)

48 | 辛亥년 운세 보는 법
(巳, 酉, 丑 생 : 드는 삼재)

첫째 사주를 뽑아 놓고 사주 네 기둥 안에서 아래에 있는 글자가 들어간 곳에 표기를 하고 사주에 필요한 오행(용신)과 대운, 세수를 찾아 놓고 辛亥년 운세 풀이를 하는데, 여러 개의 살이 겹치는 곳은 더 강하게 작용한다.

辛

寅午 : 천을귀인

酉 : 건록

辰 : 암록

丙 : 천간합

丁 : 천간충

戌 : 양인살

亥 : 역마살

亥

寅 : 합 木

巳 : 충

亥 : 형, 혈인살

寅 : 파, 고진살

戌 : 해, 과숙살

辰 : 원진살

未 : 백호살, 단명살

酉 : 조객살

丑 : 상문살

申 : 화계살

巳 : 역마살

대장군방 : 亥子丑 년 : 정 西방

삼살방 : 亥卯未 년 : 정 西방

삼재 : 亥子丑 년 : 巳酉丑 생

상문 : 丑 방

조객 : 酉 방

일간이 '나'이므로 일간을 기준으로 사주에서 정재와 정관을 찾아 놓고 십이 운성의 흐름에 따라 잘되고 안되고를 본다.

財, 정재는 재물 운이고 官, 정관은 사업·명예·직업 등의 진로 운이며 辛亥년 재와 관의 십이 운성 기운은 아래와 같다.

일간 : 나	正財(정재)	正官(정관)
甲木(생)	己土(태)	辛金(욕)
乙木(사)	戊土(절)	庚金(병)
丙火(절)	辛金(욕)	癸水(왕)
丁火(태)	庚金(병)	壬水(건)
戊土(절)	癸水(왕)	乙木(사)
己土(태)	壬水(건)	甲木(생)
庚金(병)	乙木(사)	丁火(태)
辛金(욕)	甲木(생)	丙火(절)
壬水(건)	丁火(태)	己土(태)
癸水(왕)	丙火(절)	戊土(절)

49 | 壬子년 운세 보는 법
(巳, 酉, 丑 생 : 묵는 삼재)

첫째 사주를 뽑아 놓고 사주 네 기둥 안에서 아래에 있는 글자
가 들어간 곳에 표기를 하고 사주에 필요한 오행(용신)과 대운, 세
수를 찾아 놓고 壬子년 운세 풀이를 하는데, 여러 개의 살이 겹치
는 곳은 더 강하게 작용한다.

壬

巳卯 : 천을귀인

亥 : 건록

寅 : 암록

丁 : 천간합

戊 : 천간충

子辰 : 양인살

戌 : 백호대살

辰戌 : 괴강살

寅 : 역마살

子

丑 : 합 土

午 : 충

卯 : 형

酉 : 파

未 : 해, 원진살

戌 : 혈인살

申 : 백호살

寅 : 고진살, 상문살, 역마살

辰 : 화계살

巳 : 단명살

戌 : 조객살, 과숙살

대장군방 : 亥子丑 년 : 정 西방

삼살방 : 申子辰 년 : 정 南방

삼재 : 亥子丑 년 : 巳酉丑 생

상문 : 寅 방

조객 : 戌 방

壬子년 財와 官운 보는 법 🔲🔲🔲🔲🔲🔲🔲🔲🔲🔲

일간이 '나'이므로 일간을 기준으로 사주에서 정재와 정관을 찾아 놓고 십이 운성의 흐름에 따라 잘되고 안되고를 본다.

財, 정재는 재물 운이고 官, 정관은 사업·명예·직업 등의 진로 운이며 壬子년 재와 관의 십이 운성 기운은 아래와 같다.

일간 : 나	正財(정재)	正官(정관)
甲木(욕)	己土(절)	辛金(생)
乙木(병)	戊土(태)	庚金(사)
丙火(태)	辛金(생)	癸水(건)
丁火(절)	庚金(사)	壬水(왕)
戊土(태)	癸水(건)	乙木(병)
己土(절)	壬水(왕)	甲木(욕)
庚金(사)	乙木(병)	丁火(절)
辛金(생)	甲木(욕)	丙火(태)
壬水(왕)	丁火(절)	己土(절)
癸水(건)	丙火(태)	戊土(태)

50 | 癸丑년 운세 보는 법
(巳, 酉, 丑 생 : 나가는 삼재)

첫째 사주를 뽑아 놓고 사주 네 기둥 안에서 아래에 있는 글자가 들어간 곳에 표기를 하고 사주에 필요한 오행(용신)과 대운, 세수를 찾아 놓고 癸丑년 운세 풀이를 하는데, 여러 개의 살이 겹치는 곳은 더 강하게 작용한다.

巳卯 : 천을귀인

子 : 건록

丑 : 암록

戊 : 천간합

己 : 천간충

丑 : 양인살

丑 : 백호대살

寅 : 역마살

丑

子 : 합 土

未 : 충

戌 : 형, 과숙살

辰 : 파

午 : 해, 원진살

酉 : 혈인살, 백호살

寅 : 고진살, 단명살

亥 : 조객살, 역마살

卯 : 상문살, 화계살

대장군방 : 亥子丑 년 : 정 西방

삼살방 : 巳酉丑 년 : 정 東방

삼재 : 亥子丑 년 : 巳酉丑 생

상문 : 卯 방

조객 : 亥 방

일간이 '나'이므로 일간을 기준으로 사주에서 정재와 정관을 찾아 놓고 십이 운성의 흐름에 따라 잘되고 안되고를 본다.

財, 정재는 재물 운이고 官, 정관은 사업·명예·직업 등의 진로 운이며 癸丑년 재와 관의 십이 운성 기운은 아래와 같다.

일간 : 나	正財(정재)	正官(정관)
甲木(대)	己土(묘)	辛金(양)
乙木(쇠)	戊土(양)	庚金(묘)
丙火(양)	辛金(양)	癸水(대)
丁火(묘)	庚金(묘)	壬水(쇠)
戊土(양)	癸水(대)	乙木(쇠)
己土(묘)	壬水(쇠)	甲木(대)
庚金(묘)	乙木(쇠)	丁火(묘)
辛金(양)	甲木(대)	丙火(양)
壬水(쇠)	丁火(묘)	己土(묘)
癸水(대)	丙火(양)	戊土(양)

　첫째 사주를 뽑아 놓고 사주 네 기둥 안에서 아래에 있는 글자가 들어간 곳에 표기를 하고 사주에 필요한 오행(용신)과 대운, 세수를 찾아 놓고 甲寅년 운세 풀이를 하는데, 여러 개의 살이 겹치는 곳은 더 강하게 작용한다.

　丑未 : 천을귀인

　寅 : 건록

　亥 : 암록

　己 : 천간합

　庚 : 천간충

　卯 : 양인살

　辰 : 백호대살

　巳 : 역마살

寅

亥 : 합 木

申 : 충, 혈인살

巳 : 형, 해, 고진살

亥 : 파

酉 : 원진살

戌 : 백호살

丑 : 과숙살

子 : 조객살, 화계살

辰 : 상문살, 단명살

申 : 역마살

대장군방 : 寅卯辰 년 : 정 北방

삼살방 : 寅午戌 년 : 정 北방

삼재 : 寅卯辰 년 : 申子辰 생

상문 : 辰 방

조객 : 子 방

일간이 '나'이므로 일간을 기준으로 사주에서 정재와 정관을 찾아 놓고 십이 운성의 흐름에 따라 잘되고 안되고를 본다.

財, 정재는 재물 운이고 官, 정관은 사업·명예·직업 등의 진로 운이며 甲寅년 재와 관의 십이 운성 기운은 아래와 같다.

일간 : 나	正財(정재)	正官(정관)
甲木(건)	己土(사)	辛金(태)
乙木(왕)	戊土(생)	庚金(절)
丙火(생)	辛金(태)	癸水(욕)
丁火(사)	庚金(절)	壬水(병)
戊土(생)	癸水(욕)	乙木(왕)
己土(사)	壬水(병)	甲木(건)
庚金(절)	乙木(왕)	丁火(사)
辛金(태)	甲木(건)	丙火(생)
壬水(병)	丁火(사)	己土(사)
癸水(욕)	丙火(생)	戊土(생)

52 | 乙卯년 운세 보는 법
(申, 子, 辰 생 : 묵는 삼재)

첫째 사주를 뽑아 놓고 사주 네 기둥 안에서 아래에 있는 글자가 들어간 곳에 표기를 하고 사주에 필요한 오행(용신)과 대운, 세수를 찾아 놓고 乙卯년 운세 풀이를 하는데, 여러 개의 살이 겹치는 곳은 더 강하게 작용한다.

子申 : 천을귀인

卯 : 건록

戌 : 암록

庚 : 천간합

辛 : 천간충

辰 : 양인살

未 : 백호대살

巳 : 역마살

卯

戌 : 합 火

酉 : 충

子 : 형

午 : 파

辰 : 해

申 : 원진살, 화계살

未 : 혈인살, 단명살

亥 : 백호살

巳 : 고진살, 상문살, 역마살

丑 : 과숙살, 조객살

대장군방 : 寅卯辰 년 : 정 北방

삼살방 : 亥卯未 년 : 정 西방

삼재 : 寅卯辰 년 : 申子辰 생

상문 : 巳 방

조객 : 丑 방

    일간이 '나'이므로 일간을 기준으로 사주에서 정재와 정관을 찾아 놓고 십이 운성의 흐름에 따라 잘되고 안되고를 본다.

    財, 정재는 재물 운이고 官, 정관은 사업·명예·직업 등의 진로 운이며 乙卯년 재와 관의 십이 운성 기운은 아래와 같다.

일간 : 나	正財(정재)	正官(정관)
甲木(왕)	己土(병)	辛金(절)
乙木(건)	戊土(욕)	庚金(태)
丙火(욕)	辛金(절)	癸水(생)
丁火(병)	庚金(태)	壬水(사)
戊土(욕)	癸水(생)	乙木(건)
己土(병)	壬水(사)	甲木(왕)
庚金(태)	乙木(건)	丁火(병)
辛金(절)	甲木(왕)	丙火(욕)
壬水(사)	丁火(병)	己土(병)
癸水(생)	丙火(욕)	戊土(욕)

53 | 丙辰년 운세 보는 법
(申, 子, 辰 생 : 나가는 삼재)

첫째 사주를 뽑아 놓고 사주 네 기둥 안에서 아래에 있는 글자가 들어간 곳에 표기를 하고 사주에 필요한 오행(용신)과 대운, 세수를 찾아 놓고 丙辰년 운세 풀이를 하는데, 여러 개의 살이 겹치는 곳은 더 강하게 작용한다.

丙

亥酉 : 천을귀인

巳 : 건록

申 : 암록

辛 : 천간합

壬 : 천간충

午 : 양인살

戌 : 백호대살

申 : 역마살

辰

酉 : 합 金

戌 : 충

辰 : 형, 화계살

丑 : 파, 과숙살

卯 : 해

亥 : 원진살

午 : 혈인살, 상문살

子 : 백호살

巳 : 고진살, 단명살

寅 : 조객살, 역마살

대장군방 : 寅卯辰 년 : 정 北방

삼살방 : 申子辰 년 : 정 南방

삼재 : 寅卯辰 년 : 申子辰 생

상문 : 午 방

조객 : 寅 방

일간이 '나'이므로 일간을 기준으로 사주에서 정재와 정관을 찾아 놓고 십이 운성의 흐름에 따라 잘되고 안되고를 본다.

財, 정재는 재물 운이고 官, 정관은 사업·명예·직업 등의 진로 운이며 丙辰년 재와 관의 십이 운성 기운은 아래와 같다.

일간 : 나	正財(정재)	正官(정관)
甲木(쇠)	己土(쇠)	辛金(묘)
乙木(대)	戊土(대)	庚金(양)
丙火(대)	辛金(묘)	癸水(양)
丁火(쇠)	庚金(양)	壬水(묘)
戊土(대)	癸水(양)	乙木(대)
己土(쇠)	壬水(묘)	甲木(쇠)
庚金(양)	乙木(대)	丁火(쇠)
辛金(묘)	甲木(쇠)	丙火(대)
壬水(묘)	丁火(쇠)	己土(쇠)
癸水(양)	丙火(대)	戊土(대)

54 │ 丁巳년 운세 보는 법
(亥, 卯, 未 생 : 드는 삼재)

첫째 사주를 뽑아 놓고 사주 네 기둥 안에서 아래에 있는 글자
가 들어간 곳에 표기를 하고 사주에 필요한 오행(용신)과 대운, 세
수를 찾아 놓고 丁巳년 운세 풀이를 하는데, 여러 개의 살이 겹치
는 곳은 더 강하게 작용한다.

$$\boxed{丁}$$

亥酉 : 천을귀인

午 : 건록

未 : 암록

壬 : 천간합

癸 : 천간충

未 : 양인살

丑 : 백호대살

申 : 역마살

巳

申 : 합 水

亥 : 충, 역마살

申 : 형, 파, 고진살

寅 : 해, 단명살

戌 : 원진살

巳 : 혈인살

丑 : 백호살

辰 : 과숙살

卯 : 조객살, 화계살

未 : 상문살

대장군방 : 巳午未 년 : 정 東방

삼살방 : 巳酉丑 년 : 정 東방

삼재 : 巳午未 년 : 亥卯未 생

상문 : 未 방

조객 : 卯 방

일간이 '나'이므로 일간을 기준으로 사주에서 정재와 정관을 찾아 놓고 십이 운성의 흐름에 따라 잘되고 안되고를 본다.

財, 정재는 재물 운이고 官, 정관은 사업·명예·직업 등의 진로 운이며 丁巳년 재와 관의 십이 운성 기운은 아래와 같다.

일간 : 나	正財(정재)	正官(정관)
甲木(병)	己土(왕)	辛金(사)
乙木(욕)	戊土(건)	庚金(생)
丙火(건)	辛金(사)	癸水(태)
丁火(왕)	庚金(생)	壬水(절)
戊土(건)	癸水(태)	乙木(욕)
己土(왕)	壬水(절)	甲木(병)
庚金(생)	乙木(욕)	丁火(왕)
辛金(사)	甲木(병)	丙火(건)
壬水(절)	丁火(왕)	己土(왕)
癸水(태)	丙火(건)	戊土(건)

55 | 戊午년 운세 보는 법
(亥, 卯, 未 생 : 묵는 삼재)

첫째 사주를 뽑아 놓고 사주 네 기둥 안에서 아래에 있는 글자
가 들어간 곳에 표기를 하고 사주에 필요한 오행(용신)과 대운, 세
수를 찾아 놓고 戊午년 운세 풀이를 하는데, 여러 개의 살이 겹치
는 곳은 더 강하게 작용한다.

戊

丑未 : 천을귀인

巳 : 건록

申 : 암록

癸 : 천간합

甲 : 천간충

午 : 양인살

辰 : 백호대살

戌 : 괴강살

申 : 역마살

午

未 : 합 無

子 : 충, 화계살

午 : 형

卯 : 파

丑 : 해, 원진살

辰 : 혈인살, 조객살

寅 : 백호살

申 : 고진살, 상문살, 역마살

辰 : 과숙살, 단명살

대장군방 : 巳午未 년 : 정 東방

삼살방 : 寅午戌 년 : 정 北방

삼재 : 巳午未 년 : 亥卯未 생

상문 : 申 방

조객 : 辰 방

일간이 '나'이므로 일간을 기준으로 사주에서 정재와 정관을 찾아 놓고 십이 운성의 흐름에 따라 잘되고 안되고를 본다.

財, 정재는 재물 운이고 官, 정관은 사업·명예·직업 등의 진로 운이며 戊午년 재와 관의 십이 운성 기운은 아래와 같다.

일간 : 나	正財(정재)	正官(정관)
甲木(사)	己土(건)	辛金(병)
乙木(생)	戊土(왕)	庚金(욕)
丙火(왕)	辛金(병)	癸水(절)
丁火(건)	庚金(욕)	壬水(태)
戊土(왕)	癸水(절)	乙木(생)
己土(건)	壬水(태)	甲木(사)
庚金(욕)	乙木(생)	丁火(건)
辛金(병)	甲木(사)	丙火(왕)
壬水(태)	丁火(건)	己土(건)
癸水(절)	丙火(왕)	戊土(왕)

첫째 사주를 뽑아 놓고 사주 네 기둥 안에서 아래에 있는 글자가 들어간 곳에 표기를 하고 사주에 필요한 오행(용신)과 대운, 세수를 찾아 놓고 己未년 운세 풀이를 하는데, 여러 개의 살이 겹치는 곳은 더 강하게 작용한다.

子申 : 천을귀인

午 : 건록

未 : 암록

甲 : 천간합

乙 : 천간충

未 : 양인살

申 : 역마살

未

午 : 합 無

丑 : 충, 형

戌 : 파

子 : 해, 원진살

卯 : 혈인살, 백호살

申 : 고진살, 화계살

辰 : 과숙살

巳 : 조객살, 역마살

酉 : 상문살

未 : 단명살

대장군방 : 巳午未 년 : 정 東방

삼살방 : 亥卯未 년 : 정 西방

삼재 : 巳午未 년 : 亥卯未 생

상문 : 酉 방

조객 : 巳 방

일간이 '나'이므로 일간을 기준으로 사주에서 정재와 정관을 찾아 놓고 십이 운성의 흐름에 따라 잘되고 안되고를 본다.

財, 정재는 재물 운이고 官, 정관은 사업·명예·직업 등의 진로 운이며 己未년 재와 관의 십이 운성 기운은 아래와 같다.

일간 : 나	正財(정재)	正官(정관)
甲木(묘)	己土(대)	辛金(쇠)
乙木(양)	戊土(쇠)	庚金(대)
丙火(쇠)	辛金(쇠)	癸水(묘)
丁火(대)	庚金(대)	壬水(양)
戊土(쇠)	癸水(묘)	乙木(양)
己土(대)	壬水(양)	甲木(묘)
庚金(대)	乙木(양)	丁火(대)
辛金(쇠)	甲木(묘)	丙火(쇠)
壬水(양)	丁火(대)	己土(대)
癸水(묘)	丙火(쇠)	戊土(쇠)

57 | 庚申년 운세 보는 법
(寅, 午, 戌 생 : 드는 삼재)

첫째 사주를 뽑아 놓고 사주 네 기둥 안에서 아래에 있는 글자
가 들어간 곳에 표기를 하고 사주에 필요한 오행(용신)과 대운, 세
수를 찾아 놓고 庚申년 운세 풀이를 하는데, 여러 개의 살이 겹치
는 곳은 더 강하게 작용한다.

庚

丑未 : 천을귀인

申 : 건록

巳 : 암록

乙 : 천간합

丙 : 천간충

酉 : 양인살

辰戌 : 괴강살

亥 : 역마살

申

巳 : 합 水

寅 : 충, 형

巳 : 파, 단명살

亥 : 해, 고진살

卯 : 원진살

寅 : 혈인살, 역마살

辰 : 백호살, 화계살

未 : 과숙살

午 : 조객살

戌 : 상문살

대장군방 : 申酉戌 년 : 정 南방

삼살방 : 申子辰 년 : 정 南방

삼재 : 申酉戌 년 : 寅午戌 생

상문 : 戌 방

조객 : 午 방

한눈에 쉽게 보는 60년 운세

일간이 '나'이므로 일간을 기준으로 사주에서 정재와 정관을 찾아 놓고 십이 운성의 흐름에 따라 잘되고 안되고를 본다.

財, 정재는 재물 운이고 官, 정관은 사업·명예·직업 등의 진로 운이며 庚申년 재와 관의 십이 운성 기운은 아래와 같다.

일간 : 나	正財(정재)	正官(정관)
甲木(절)	己土(욕)	辛金(왕)
乙木(태)	戊土(병)	庚金(건)
丙火(병)	辛金(왕)	癸水(사)
丁火(욕)	庚金(건)	壬水(생)
戊土(병)	癸水(사)	乙木(태)
己土(욕)	壬水(생)	甲木(절)
庚金(건)	乙木(태)	丁火(욕)
辛金(왕)	甲木(절)	丙火(병)
壬水(생)	丁火(욕)	己土(욕)
癸水(사)	丙火(병)	戊土(병)

58 | 辛酉년 운세 보는 법
(寅, 午, 戌 생 : 묵는 삼재)

첫째 사주를 뽑아 놓고 사주 네 기둥 안에서 아래에 있는 글자가 들어간 곳에 표기를 하고 사주에 필요한 오행(용신)과 대운, 세수를 찾아 놓고 辛酉년 운세 풀이를 하는데, 여러 개의 살이 겹치는 곳은 더 강하게 작용한다.

辛

寅午 : 천을귀인

酉 : 건록

辰 : 암록

丙 : 천간합

丁 : 천간충

戌 : 양인살

亥 : 역마살

酉

辰 : 합 金

卯 : 충, 화계살

酉 : 형

子 : 파

戌 : 해

寅 : 원진살, 단명살

丑 : 혈인살

巳 : 백호살

亥 : 고진살, 상문살, 역마살

未 : 과숙살

申 : 조객살

대장군방 : 申酉戌 년 : 정 南방

삼살방 : 巳酉丑 년 : 정 東방

삼재 : 申酉戌 년 : 寅午戌 생

상문 : 亥 방

조객 : 申 방

일간이 '나'이므로 일간을 기준으로 사주에서 정재와 정관을 찾아 놓고 십이 운성의 흐름에 따라 잘되고 안되고를 본다.

財, 정재는 재물 운이고 官, 정관은 사업·명예·직업 등의 진로 운이며 辛酉년 재와 관의 십이 운성 기운은 아래와 같다.

일간 : 나	正財(정재)	正官(정관)
甲木(태)	己土(생)	辛金(건)
乙木(절)	戊土(사)	庚金(왕)
丙火(사)	辛金(건)	癸水(병)
丁火(생)	庚金(왕)	壬水(욕)
戊土(사)	癸水(병)	乙木(절)
己土(생)	壬水(욕)	甲木(태)
庚金(왕)	乙木(절)	丁火(생)
辛金(건)	甲木(태)	丙火(사)
壬水(욕)	丁火(생)	己土(생)
癸水(병)	丙火(사)	戊土(사)

59 │ 壬戌년 운세 보는 법
(寅, 午, 戌 생 : 나가는 삼재)

첫째 사주를 뽑아 놓고 사주 네 기둥 안에서 아래에 있는 글자가 들어간 곳에 표기를 하고 사주에 필요한 오행(용신)과 대운, 세수를 찾아 놓고 壬戌년 운세 풀이를 하는데, 여러 개의 살이 겹치는 곳은 더 강하게 작용한다.

壬

巳卯 : 천을귀인

亥 : 건록

寅 : 암록

丁 : 천간합

戊 : 천간충

子辰 : 양인살

戌 : 백호대살

辰戌 : 괴강살

寅 : 역마살

戌

卯 : 합 火

辰 : 충, 단명살

未 : 형, 파, 과숙살

酉 : 해

巳 : 원진살

子 : 혈인살, 상문살, 화계살

午 : 백호살

亥 : 고진살

申 : 조객살, 역마살

대장군방 : 申酉戌 년 : 정 南방

삼살방 : 寅午戌 년 : 정 北방

삼재 : 申酉戌 년 : 寅午戌 생

상문 : 子 방

조객 : 申 방

한눈에 쉽게 보는 60년 운세

일간이 '나'이므로 일간을 기준으로 사주에서 정재와 정관을 찾아 놓고 십이 운성의 흐름에 따라 잘되고 안되고를 본다.

財, 정재는 재물 운이고 官, 정관은 사업·명예·직업 등의 진로 운이며 壬戌년 재와 관의 십이 운성 기운은 아래와 같다.

일간 : 나	正財(정재)	正官(정관)
甲木(양)	己土(양)	辛金(대)
乙木(묘)	戊土(묘)	庚金(쇠)
丙火(묘)	辛金(대)	癸水(쇠)
丁火(양)	庚金(쇠)	壬水(대)
戊土(묘)	癸水(쇠)	乙木(묘)
己土(양)	壬水(대)	甲木(양)
庚金(쇠)	乙木(묘)	丁火(양)
辛金(대)	甲木(양)	丙火(묘)
壬水(대)	丁火(양)	己土(양)
癸水(쇠)	丙火(묘)	戊土(묘)

첫째 사주를 뽑아 놓고 사주 네 기둥 안에서 아래에 있는 글자
가 들어간 곳에 표기를 하고 사주에 필요한 오행(용신)과 대운, 세
수를 찾아 놓고 癸亥년 운세 풀이를 하는데, 여러 개의 살이 겹치
는 곳은 더 강하게 작용한다.

巳卯 : 천을귀인

子 : 건록

丑 : 암록

戊 : 천간합

己 : 천간충

丑 : 양인살

丑 : 백호대살

寅 : 역마살

亥

寅 : 합 木

巳 : 충, 역마살

亥 : 형, 혈인살

寅 : 파, 고진살

戌 : 해, 과숙살

辰 : 원진살

未 : 백호살, 단명살

酉 : 조객살

丑 : 상문살

申 : 화계살

대장군방 : 亥子丑 년 : 정 西방

삼살방 : 亥卯未 년 : 정 西방

삼재 : 亥子丑 년 : 巳酉丑 생

상문 : 丑 방

조객 : 酉 방

일간이 '나'이므로 일간을 기준으로 사주에서 정재와 정관을 찾아 놓고 십이 운성의 흐름에 따라 잘되고 안되고를 본다.

財, 정재는 재물 운이고 官, 정관은 사업·명예·직업 등의 진로 운이며 癸亥년 재와 관의 십이 운성 기운은 아래와 같다.

일간 : 나	正財(정재)	正官(정관)
甲木(생)	己土(태)	辛金(욕)
乙木(사)	戊土(절)	庚金(병)
丙火(절)	辛金(욕)	癸水(왕)
丁火(태)	庚金(병)	壬水(건)
戊土(절)	癸水(왕)	乙木(사)
己土(태)	壬水(건)	甲木(생)
庚金(병)	乙木(사)	丁火(태)
辛金(욕)	甲木(생)	丙火(절)
壬水(건)	丁火(태)	己土(태)
癸水(왕)	丙火(절)	戊土(절)

4장

신살론

01 | 신살에 대하여

신살이라 함은 사주에 있는 것과 해마다 바뀌는 운세와 부딪치는 운에서 작용하는 것을 말한다.

신살의 종류가 다양하고 길신도 많이 있지만 여기 있는 형, 충, 파, 해는 길신도 부딪치면 깨지고 마는 흉성이므로 여기에 실은 것은 현실적으로 우리 피부에 와닿는 것만 나열하였다.

사주에 좋은 기운의 신살을 가지고 있다 하여도 해마다 바뀌는 운세에서 좋은 쪽으로 흘러가야 길하지, 그렇지 않고 형, 충, 파, 해를 만나면 길신도 역할을 할 수가 없다.

02 | 신살의 종류

(1) **천을귀인** : 어려운 상황에 처할 때 뜻하지 않게 귀인의 도움을 받는다는 신이다.

(2) **건록** : 자신의 입지를 탄탄하게 해주는 신이다.

(3) **암록** : 겉으로는 나타나지 않으나 숨어 있는 복신을 말한다.

(4) **양인살** : 사주에 양인살이 있으면 성질이 냉정하고 잔인하며 괴팍한 성품을 담고 있다.

(5) **괴강살** : 모든 길흉이 극단적으로 작용하며 제압에 강한 살이며 대부, 대귀할 수도 있으나 반대로 극빈, 재앙 등이 들어 있을 수도 있다. 성정은 엄격하고 총명하다.

(6) **화계살** : 총명하고 지혜가 출중하고 문장에 능하고 예술계에 진출하는 것으로 본다.

(5) **고진살, 과숙살** : 남녀 간의 이별수가 있는 살이다.

⑻ **역마살** : 이동, 움직임이 많은 신으로 말 그대로 변동이 많고 움직임이 있다는 살이다.

⑼ **단명살** : 명이 짧고 간신히 위기를 넘긴다는 흉살이다.

⑽ **백호살** : 교통사고, 대수술 등 건강에 이상이 생긴다는 신호다. 백호대살(白虎大殺)은 甲辰, 乙未, 丙戌, 丁丑, 戊辰, 壬戌, 癸丑 이렇게 육십갑자 중에 일곱 가지가 들어 있는데 백호대살은 흉성이 강하여 이 살은 어느 곳에 있든 해당 범위가 광범위하고 육친 법에 따라 활용되며 손가락으로 꼽아 다섯 손가락 안에 들어갈 수 있는 친족까지 볼 수 있는 흉한 살이다. 생년, 생월, 생일, 생시 어느 곳에 있든 편재 백호대살은 부친 또는 처첩에 흉사가 있다 하고, 여자의 경우 관성 백호대살은 남편이 흉사한다는 살이며, 여자 사주에 식상이 백호대살에 동주하면 자손에 흉사함이 있다. 남자 사주에 관성 백호대살은 자손에 흉사함이 있고 상관성이 백호대살이면 조모님에 흉사함이 있고 정재성에 백호대살이 동주하면 고모, 숙부, 백부에 흉사함이 있고 인수성에 백호대살이 동주하면 어머니가 흉사함이 있다.

갑진일, 을미일 생인은 아버지가 객사, 자살 혹은 흉사함이 있다. 비겁이 백호대살에 동주하면 형제간에 흉사함이 있다. 이 살에 대해서는 예방에 만전을 기해야 한다.

⑾ **상문살, 조객살** : 집안에 우환이 생겨 상을 당할 수 있는 재수 없는 살이다.

⑿ **혈인살** : 몸이 아파 수술을 하거나 피를 볼 수 있는 불길한 살이다.

⒀ **원진살** : 이유 없이 보기 싫어 원수가 된다는 살이다.

⒁ **형, 충, 파, 해** : 말 그대로 형은 형벌을 받는다는 것이고 충, 파는 부딪쳐 깨진다는 파괴의 뜻을 담고 있다. 해는 해코지를 한다는 것으로 충돌, 고독, 감금 등의 흉살이다.

운세 보는 법은 다양하다. 명리, 육효, 육임, 타로, 별자리, 점성학, 신점 등 다양하지만 우리가 궁금한 것은 단 하나, '잘될까, 안될까' 하는 것이다.

모든 방법에 다 타당성이 있어 각자의 주장들을 하지만 이 명리학은 명쾌하고 간단하게 답을 구할 수 있는 학문이다. 다른 운세풀이법들은 그때그때 변화에 반응하지만 명리학은 풀이하는 사람마다 약간의 차이는 있으나 원리는 변화하지 않는다.

운을 바꿀 수는 없지만 그때그때 운세의 흐름을 참고하면 실패를 미리 방지하고 성공의 기회를 잡을 수 있을 것이다.

아무리 운이 좋아도 노력하지 않고 되는 것은 없으니 자긍심과 인내, 노력과 끈기가 있어야 기회를 잡을 수 있다.

따라서 좀 더 쉽게 운세 풀이를 할 수 있도록 육십 년의 운세 보는 법을 이 책에 실었다. 독자 여러분의 운세 풀이에 많은 참고가 되기를 바란다.

2021년 6월
필선